天下文化
BELIEVE IN READING

獻給我深愛的爸爸、媽媽

起厝

BUILDING

家是一切的起點

桂田集團創辦人
朱仁宗 著
李翠卿 採訪整理

目次

PART 3 夢

序

一台精彩的戲

李崗 導演

我一直對「家」和「人」的故事深感興趣，這些年又因爲對臺灣歷史的好奇，參與了調查、研究和製作很多臺灣大家族的故事，也因此接觸過很多在世與已成爲歷史的「人物」。

對於朱家心中很想解密的是，從養豬人家到營建大戶，這個過程一定有很多有趣的故事？更好奇的是，一般發跡家族的新族長，通常都會跟父親保持著距離，想要發自己的光和熱，並不喜歡「父親的背影」。奇怪的是，爲何每次和仁宗兄見面時，他總是會帶著父親？

看完了《起厝：家是一切的起點》，總算解了心中的謎。中國字「家」的源起，就是屋頂下養了一隻豬，所以才形成了家，是一切的起源。「起厝」是仁宗兄奮鬥的源頭和信念，他在書中又自嘲，他們家養豬，他姓朱，又屬豬，實在太巧合貼切了。

看仁宗兄起家的故事，就像看一部精彩的好萊塢「三幕劇」英雄電影。第一幕是主角面臨受壓迫的困境，與他將如何脫困的懸念。第二幕是高潮迭起，衝突與脫困的奮鬥過程。第三幕，人定勝天、出人意表的成功結局。

「起厝」故事的主人翁，有三個姊姊，獨男，當兵之前獨處豬舍，雖然「豕」是家的起源，但應該沒有人是天生喜歡養豬的。

想想獨自要面對一千多隻豬，那場面和壓力是很驚人的，要管牠們的食、衣、住、行、育、樂、健康、越獄、內鬥、配種、生產、婚喪喜慶、生老病死……，主人翁是不是因此參透到什麼釋迦牟尼的領悟，吾人不得而知。

這樣的困境，到底是經過了什麼樣的緊張、精彩、刺激、懸疑的過程，他才會成爲一位營造業大亨、飯店業鉅子？

這個起手式眞是吸引人。

當然英雄的故事要好看，勤儉孝順、義薄雲天、腳踏實地、與人爲善、厚德積福、膽識機智、遠見視野，先天的個性和後天的家庭培育，是必備但還是不夠。

他必須要有著特殊的個性、天分和際遇，這戲才上得去。

仁宗兄初入江湖，不但被人坑、還被人倒。

被人坑、被人倒，一般人的反應與結果，如果不是忍氣吞聲，大概不外報仇、落跑和入獄三部曲，但我們的男主角不但不亢不卑，而且不吭也不倒。

當業務時，分紅被老闆坑，他不告老闆還當上老闆，更上層樓兼併天下，部下叛逃，以德報怨，贏得天下英豪起義來歸，那是人格。

神功護體被飛車拋出而大難不死，逢兇化吉、天降神蹟，那是天命。

疫情期間經朋友的介紹，認識了從書中出來的男主角仁宗兄，當時見面是因爲疫情而停演的舞台劇《時光の手箱》，二度出發正在推廣宣傳中。

仁宗兄眞的很熱情、很窩心地幫忙，但又因爲疫情，一切籌備完成之後，第二度被迫停演，那段過程眞是完全不想再有任何的回憶。

但看了《起厝》，才知道當時同樣在疫情的狀態中，經營偌大營建和飯店事業的男主角，他所面臨的困境不知有多巨大？不但完全看不出來他當時的壓力，他居然還有餘情、餘力幫我的忙？

其實這部英雄片，最特殊令我難忘的一段情節是，男主角初始自行創業時，父親幫忙介紹著生意，轉戰營建的第一場戰役，是在官田的一個小工程，沒人沒錢，連挖土機都僱不起。父子倆卻人定勝天，上陣父子兵，二人一鍬一剷的挖地基，綁鋼筋，沒見過這樣的情境，這是什麼樣的父子情？看到眼眶會濕潤，也才理解了為什麼他老是要帶著爸爸在身邊？這不是一般人會有的情感記憶。那不是父親的「背影」，而是「懷抱」。那是一種想抱著他也想背著他的情感。

其實原先男主角邀我寫序，出版社只要三百到四百字，但我卻愈寫愈長，感覺也愈寫愈肉麻，好像是來還幫忙舞台劇的人情債。

但仔細想想，應該不是，停不下來的原因是：我看得起這個人，這個人——是個「人物」。

感恩是幸福的起點

林佳龍
外交部部長

和仁宗兄相識多年，在得知集團品牌「桂田」二字是取自父母親名字來命名，理解到這不僅是集團的標誌，更是源自於對父母恩情的感念，展現出對家的熱愛與親情之美。

佳龍的父親是位裁縫師，小時候我也經常陪著父親到客人家裡量身送衣，印象最深的就是坐在摩托車的後座，跟著父親穿梭在臺北大街小巷。看到父親工作的模樣，就能夠理解到父親所說，做事要實在，無論是外襯或內裡，有看不見的工、不起眼的細節，但都得要一針一線地仔細縫上，這也是父親讓人「一試成主顧」的功力。

家裡經濟雖然不寬裕，但父母仍經常邀請同學到家中吃飯，「多一雙筷子而已，大家可以一起吃」。家裡的空間小，但人與人之間的情分也顯得更緊密，家的溫暖也對我投身政治的影響很大，那是一種共同打拚、同甘共苦，希望大家能夠「共好」的溫度。

近年佳龍和幾位好朋友共同創辦的大肚山產業創新基金會，以推動臺灣產業創新爲目標。我與仁宗兄就在基金會的產業創新學院中相識，這個平台不僅是產業的知識、智慧、經驗交流，大家共組了跨領域、溫暖又獨特的共享空間，彼此就像在一個大家庭裡一般「共學、共創、共好」。

仁宗兄也讓我看到同樣的精神，自小家庭親密且凝聚力強大，展現出了他爲周遭人事物、爲事業努力拚搏的熱忱。

出生在農村家庭的他，爲分擔家計在高中畢業後就出社會工作，在二十四歲轉擔任業務，在浪板建材行兼差賺外快，年輕時即逐步從建材、營建業，轉進觀光飯店，展現了遠見卓識與慧眼獨具。

二十六歲成了年輕頭家，從公司到集團，有遠見也有人和，除了誠懇與人共同合作經營之外，更經常在他人遇到困難時伸出援手，展現出化整爲零的高超能力。他以精準和前瞻的眼光，引領身邊的人共度挑戰，將善念傳遞給每一位相遇的人，也成爲彼此生命中的重要貴人。

如今仁宗兄的二代也已準備接棒，他說，「家是一切的起點」，我想，「感恩也是幸福的起點」。從書中看到他對家庭親情的重視，對曾受恩澤的感念，以及對企業社會責任的使命，佳龍也期盼透過推薦此書，讓這份親情豐沛深厚的力量，成爲讀者面對未知挑戰的勇氣，勇敢開創屬於自己的未來。

逆境中的梅花香

張庚申 作者舅父

唐代黃蘗禪師曾說：「不經一番寒徹骨，怎得梅花撲鼻香」。在困厄的環境下，愈能伸展出堅強的枝芽，開放出不畏風霜的花朵。然而，困苦艱難的環境，有一飛沖天的成功者，也有一蹶不振的失敗者，而這勝負的臨界，就在於堅強的信念與力行不懈的組合。

朱仁宗，就是秉持信心前進，在物質匱乏、生活拮据的環境下，磨練出鋼鐵般的鬥志，由一名農村子弟白手起家，成功跨足營造業、飯店業、豪宅市場，被視爲奮鬥有成的傳奇人物。

朱仁宗，他是我大妹的兒子，上有三位姊姊。父親朱炎田、母親張月桂，民國三〇年代前後出生的他們，臺灣尚屬於農業社會，國民平均所得僅一百多美元，父母雖努力工作，僅能維持一家溫飽。朱仁宗和他的姊姊一樣，高中畢業後，爲了早日分擔家計，即到工廠上班。二十四歲退伍之後，他由動物藥品公司業務員做起。二十七歲自行創業，以長禹鋼構起家，他以超乎常人的努力與毅力，一步步地爲「桂田」打下扎實的基礎。

二〇〇七年，桂田酒店正式營運，並以父母之名字，各取一個字組合爲酒店品牌，命名爲「桂田」酒店，代表永遠記得對父母親的感念。他也央請我爲酒店寫下兩首七言絕句的藏頭詩，其中一首：「桂樹開花滿室香，田園結果樂未央；酒醇饌美酬知己，店納三多喜氣洋。」即鐫刻在臺南桂田酒店入口處。原不被大家看好的桂田酒店，竟成爲臺南縣第一家五星級酒店。

二〇〇九年成立「桂田欣業建設公司」，以「鋼構＋營造＋建築＋酒店」一條龍的跨界整合，造就出桂田集團獨特市場定位。二〇一三年十一月二十一日「桂田擎天樹」建案正式公開，旋即創下三個月完銷傳奇。接著興建近千坪土地，只蓋四戶加一會館的頂級豪宅別墅：「桂田古根漢」，每戶地坪約二百坪、七個停車位、建物六百坪、一戶一泳池，讓同業大開眼界，重新定義臺南豪宅新標準。

二〇一六年十二月二十四日，被視爲「臺東一〇一」的「桂田喜來登酒店」正式誕生，帶領「桂田」品牌邁向國際化。二〇一九年，桂田在善化火車站前，推出二棟超高制震大樓：「桂田磐古」，總戶數三六二戶，這是善化唯一SRC結構與油壓阻尼器制震的超高大樓（地上二十六層，地下四層）。建案一推出，即造成當地人及南科上班族搶購熱潮。

然而，朱仁宗的事業成就不僅如此，他在全省各地興建的廠房、辦公大樓都以「誠信、專業、負責」的態度，贏得顧客的口碑，佳評如潮、聲譽鵲起。

桂田集團旗下所屬的三民營造公司、桂田營造公司，更多次榮獲國家建築金獎金獅獎、金質獎，以最近幾年建案為例：二〇一八年「桂田擎天樹」獲得「建築園冶獎」，由總統蔡英文接見頒獎；二〇二〇年「萬國通路產業園區開發計畫」獲得國家建築金獎金獅獎「優質建築類」，並獲得評審團特別獎、首獎，由時任副總統賴清德頒獎。他對於施工品質的堅持，由此可見一斑。

我和朱仁宗一樣，都是農村子弟窮苦人家出身，大學四年全靠獎學金、家教、送報、當工讀生始能完成學業。畢業後雖然考取師大、政大研究所，然因家境清寒，無法繼續深造，只能先謀求教職餬口，直到教了十年書之後，才能帶職帶薪至研究所進修。在高中三十六年教學生涯中，我因撰寫參考書、教科書而有了豐厚的版稅、稿費等額外收入。因此，對校內家境清寒、繳不起學雜費、午餐費，抑或家庭遭到重大變故的學生，均予以補助，三十年來從未間斷。朱仁宗於事業有成之後，見舅父如此，亦不遑多讓，他熱心公益，回饋社會，層面更廣、金額更多，這是我始料未及的。改善家庭生活，進而扶困濟貧，應該是我們甥舅二人在艱困環境中力爭上游，最主要的動力來源吧。

管仲說：「惰而侈則貧，力而儉則富」（形勢解）。朱用純（伯廬）先生也說：「勤與儉，治生之道也；不勤則寡入，不儉則妄費。」成功的背後，頁頁都是血淚辛酸史，朱仁宗從最初的農村子弟白手起家，到創造數百億的事業資產，憑借的就是勤儉與堅忍不拔的毅力。

須知一帆風順、承庇祖蔭的成功，往往難以持久，所以俗話說：「富人多是窮家子，窮人不少富人孫。」寄語朱家子孫：創業維艱，守成不易；唯有克勤克儉、肯堂肯構，牢記「滿招損，謙受益」之古訓，才能持盈保泰。

從家庭到事業的良性循環

戴謙
前臺灣中油董事長

朱仁宗董事長是一位非常成功的大企業家，爲了懷念他尊翁及給予下一代的傳承，籌劃紀錄《起厝：家是一切的起點》這本書。

南科的發展，從砍甘蔗開始，經歷淹水、先民遺址、高鐵震動、生活機能欠缺等，承受著許多的挑戰，當時社會的評估是「南柯一夢」，但是現在呈現的是「護國神山」。

南科是全世界半導體晶圓廠密度最高的地方，這一路走來，團隊的努力及全國各界的協助支持是最重要的因素。尤其在生活機能的布局上，朱董事長是眼光獨到的支持者，桂田酒店起造，讓南科生活機能提升爲五星級的水準，也因此和他結下了深厚的友誼之緣。

朱董事長是白手起家的創業者，在創業過程遭受許多挑戰與考驗，但是在每一個困難中都展現了高度智慧與精彩的歷程，最後每個案件都是圓滿成功的結局，也成爲學習的範本，所以我推薦每一個要創業的年輕朋友必讀這本書。

在事業順利成功的過程中，朱董事長展現爲人處世的高標人格素質，對父母親的孝順及對下一代的教養模式，都是值得敬佩與表揚的模範。

對社會的奉獻與關懷，桂田集團響應了許多慈善活動，「桂田恆諾社會企業」就是協助與關心偏鄉弱勢家庭兒童（尤其臺東），特別值得提到的案例之一就是臺南市學甲區「伯利恆兒童發展中心」建造的過程中，時任的賴清德市長把企業捐獻給他，但沒有用完的政治獻金及五百萬元的選舉補助款，加上伯利恆文教基金會募得款項，做爲興建資金，但款項還是不足，朱董事長承諾捐款並承攬建造此一工程。

二〇二〇年八月二十六日中心終於順利啟用，完成了甘神父的心願。這不但展現了桂田對社會關懷的愛心，同時也見證了賴市長無私奉獻的領導風格。

積德之家必得天佑，朱董事長曾在高速公路上發生一次嚴重車禍，人被拋出車外而摔落斜坡下，大家緊張得四處找人，竟然毫髮無傷地度過這場突如其來的災禍。

桂田集團的事業在如日中天的此刻，他還是爲台積電三奈米落腳南科的生活機能布局繼續加碼，除了磐古一期已完成，接續推動磐古二期，並在樹谷規劃家族可以同住的親子型飯店，同時推動全國最大型社宅的「和順．安居」計畫等。桂田還有好多大計畫等待啟動，我們期待南科的生活機能布局，因桂田的參與而變得更好。

各界推薦

（以姓氏筆劃排列）

現今的工商社會對於傳統家庭與親情觀念是日漸淡薄，而在西方文化個人主義思想的影響下，也淡化了子女養親敬親的義務感。這本《起厝：家是一切的起點》描述的是朱董事長創業的經過，但是更深層傳達的，是孝子對父親的思念以及對家庭價值的堅持。

與朱董事長的結識經過就如他書中「剽悍的一役」所提到的，大約在三十年前，他來承接龍鋒企業永康廠區近萬坪廠房的建構工程，當時朱董事長向我誇口說工程完成後再付款，以當時的狀況而言，其實我心中有許多的疑問，也深怕他爲了搶標工程而半途出現問題，因此我常去現場監督施工，最後他在兩個月的時間完成了龍鋒廠房的建構工程。當下我就對這位年輕人刮目相看，也佩服他的膽識與執行力，同時也告誡我的員工要向他多多學習。

朱董事長雖說事業非常繁忙但是侍親至孝，曾多次遇見到他陪伴在雙親身邊，帶著雙親去運動，和睦的親情關係與尊親的美德令人稱羨，也值得成爲一個社會上效法的典範。

朱董事長今日多產業的事業版圖，來自於他對市場的敏銳與執行力，而「家」就是他的起點也是他奮鬥的核心動力。我祝福朱董事長，也期望桂田集團爲臺灣建造出更多溫暖的家。

林玉柱
龍鋒企業董事長

朱仁宗董事長的新書副書名：「家是一切的起點」，從我見證朱董事長服侍他父親大人走過生命最後一段路的經驗，還有一個體悟：朱董身體力行實踐的是「孝是事業的支點」。

我認識朱董是在他父親再次生病住院的時候，我們最厲害的心臟科專家告訴我，朱董父親的腦部跟心血管的血液循環非常難以平衡，醫療就如同走鋼索一樣，隨時有可能顧此失彼而產生大問題，如同不定時炸彈爆發一樣，朱董非常堅定的信任醫師、一再的拜託，一定要醫師全力救治，我們身為醫者感受到朱董非比尋常的孝心，也很盡力地照顧。

在朱董父親仙逝以後，他邀請我們到他的老家，原來在朱董父親生病以後，就回頭去翻新舊厝，把家裡的起家厝重新改建，要讓父親回家以後可以在舊家熟悉溫馨的環境舒服地養病，我想這個就是朱董孝心的一個展現，所以我深深的感觸是：「起新厝，家是一切的起點；翻舊厝，孝是一切事業的支點。」

林宏榮
奇美醫院院長

《起厝：家是一切的起點》不只是朱董事長一生奮鬥打拚的故事，更是一封感懷父母恩澤、紀念父子情緣的動人「家書」。朱董事長重視傳統家庭孝道文化，透過家人之間的緊密結合、互助互信，感念這份深厚的親情，是一生中最寶貴的資產，值得大家細心品味。

朱董事長重視品牌信譽與家庭倫理，一九九七年擷取雙親名字中各一字設立了桂田集團。創業以來白手起家，待人處事誠懇踏實，具備刻苦堅毅精神，逐步以自有品牌及國際化的跨界整合方式，打造「鋼構＋營造＋建設＋酒店」的一條龍事業體，讓顧客從信任到信賴，得以體驗全方位的企業經營新模式。

朱董事長藉由實戰成績告訴大家，他是有能力、夠膽識、重承諾，用生命拚事業的企業家，即使是跨出原有的經營領域，也一樣充滿自信，並開創一番新氣象。此外，朱董事長不強調短期獲利，重視永續經營和附加價值，並將眼光放遠，從事具有里程碑意義的指標性工作，所以能夠成就讓人熱血沸騰的不凡事業。

桂田集團一路走來面對許多艱困挑戰，屢屢展現腳踏實地的經營理念與熱誠，合庫銀行作爲長期的合作夥伴，有幸見證朱董事長對企業與家庭的不懈努力，更感佩「企業家當如是也」的堅持，相信本書的出版也將帶給讀者深刻的啟發，爰爲推薦。

林衍茂
合庫金控暨合庫銀行董事長

我認識朱仁宗先生近十來年，曾好幾次與他父親朱炎田先生及家人一起見過面、聊過天。但經由閱讀《起厝；家是一切的起點》，我才再度認識作者的身世過往。

他出身農家，爲能及早分擔家計，高中畢業即到工廠上班。二十四歲服役退伍後，由一名公司業務員做起，二十七歲自行創業當起頭家，以鋼構承包商爲起點，其後事業版圖拓展至營造建設與酒店經營等領域，不到三十五歲時即完成事業版圖的垂直整合，並以取自他父母親名字各一個字組合爲品牌名「桂田」，這代表他的爲商之道以及待人處事原則，不論行腳至何時或至何處，始終不會忘記對父母親的感念。我也因此更能感受到本書中所提及的有一段落「上陣父子兵」的意涵；那即是父子情深、相知相惜一起共同顧好家族生活以及拚事業的寫照。

本書讓人讀來感觸良多，文體雖然是平白直述，但其內容則是作者將自己生命所眞實經歷的事業起伏，與逆境的轉變，甚或闡述自身所領導的事業體遭遇困境時所獲取的反省，以及對於不放棄未來希望所應變的策略與操持，完全毫無保留地與讀者來分享。

本書敍述的主要內容，並不必然是當前一般讀者所想像最夯的靑創之路該如何成功的祕笈，但閱讀本書之後，我所獲得的是，我看見從小至今的作者，他的孝心以及如何秉持他父母親的諄諄教誨當成事業發展的動能，以及作者常以善意做爲待人處事之本，不但其事業品牌獨具，並成爲一名由臺南新市大社農村子弟白手起家，跨足飯店業及營造業的成功典範，相信青年學子以及凡閱讀過本書的任何讀者，必會與我有同感的收穫。

藉由這一則序文，向作者表達致意，也向讀者推薦本書。

林欽榮
高雄市副市長

我認識朱董事長仁宗兄已經十多年，但是眞正有機會深入去了解這一位不平凡的專業人物，則是這五、六年的事情，因爲每次跟他談話，都有不一樣的體會，也爲他充滿自信的眼神而深深吸引著，一直想知道他炯炯有神的目光後面，到底又有什麼創新的思維。

這幾年來他本著「誠信、專業、負責」的核心價值，來經營公司的各項衍生業務，就誠如醫師以負責任及專業的態度，來細心地照顧病人一樣。

他希望「把每一棟房子當作自己要住的房子來蓋」，這宛如我們醫界在看病時的「視病猶親」，希望能夠照顧好病人的每一個小病症；尤其他最近建築工法從RC進化成SRC，就如同我們在醫院本來使用傳統器械手術，進階到內視鏡手術及達文西手術一樣，就是希望精益求益。而這種異業彼此砥礪、互相學習的歷程，更讓我們的專業有更深切的互補。

最近，很高興他跨越濁水溪往北發展，提供國人更優質的居住環境，但他並不止創立自己的獨立品牌，更要把桂田這張卓越的招牌在全世界擦光擦亮。

《起厝：家是一切的起點》就如同醫院在做經驗傳承及創新時，要寫下院史一樣，希望藉由這本書可以繼往開來，吸取過去優良的傳統，看見未來遠大的前程，讓整個集團同仁同心協力、大步向前。

最後，希望認識或不認識仁宗兄的所有朋友，都可以藉由這本書的閱讀，而對自己的人生產生更深、更有意義的體會。

林聖哲
臺南市立安南醫院院長

「誰能想得到，三、四十年前，這棵芒果樹是用來拴牛的呢？」

這句直白樸素的話，似乎道盡這本書與朱董事長所要傳達的精神。誰想得到當年推銷浪板的年輕人後來怎麼了、誰想得到八個月的工程如何被兩個月完成……。因為事情不能只用想的，要做出來才算數；能夠做出別人想不到的成果，需要天生的勇氣、毅力與智慧，這是我在朱董臉上看到的神情，也是這本會讓人想一口氣讀完的書所展現的風度與氣魄。

同樣都是愛家的人，很開心有緣在社會住宅的工作上與朱董相識。我們將蓋出優質社宅的工作交給桂田集團，朱董則要求他已訓練成熟的公子來主辦，也當做接班能力的考試。誰能想得到，社宅興建工作可以有幸連結這麼重大的傳承，社宅命名為「和順・安居」時，誰能想得到可以這麼適切作為對朱董家族三代最恰當的祝福。

花敬群
國家住宅及都市更新中心董事長

初識朱仁宗董事長，他已是在臺南創業有成的年輕企業家，最初且最深刻的印象來自於常常看到他和他的父親同進同出，感情甚篤。後來更了解「桂田集團」命名的緣由，取他父親與母親名字中的一字結合而成，朱董事長對於他父母親養育之恩的感念，讓我非常感動。

與朱董事長相識這些年來，除了看到他對父母有孝，也眞實感受到他對朋友有義，朱董事長總是不猶豫在朋友需要幫助時伸出援手。他眞誠待人而不求回報的心意，成爲善念循環的起點，廣泛傳播。

《起厝》這本書，除了記述朱董事長的創業奮鬥過程，更重要的是他以孝道爲核心的人生價值觀。他用實際的行動證明了，想要有成功的事業，絕對不只是犧牲家庭拚命衝，而是要以家庭價值爲根本，非常值得分享給年輕人。

康銀壽

總統府國策顧問

形體爲自傳，情感上卻是一封情緣半世紀的家書，是朱仁宗董事長寫給子女的經營智慧及做人之道，更是他爲天上的父親，寫下永懷的親愛、敬愛與感謝，眞情無

華，孝道純然。

商場上走過四十個年頭，我見過很多對父子，但從沒有像朱董與他的父親朱炎田先生那般，全心全意的理解並支持著對方的上陣父子兵。勤誠興建嘉義廠時，朱家三代父子兵攜手力拚在十個月內完成二年的工期，動土和上梁施工的過程中，經常可見朱董陪著父親一同巡視的身影，格外令人感覺踏實、信賴，即使遇到艱難考驗，我始終深信朱家父子同心，風行草偃，凡事必成！

代代相傳的孝道家風，到訪過其古厝「故事館」更有所感，朱家的富貴並非與生俱來，而是緊密的一家人從這個曾是豬寮的起家厝共同打拚。誰說隨著社會發展，家庭關係必然疏遠？朱董的這封家書，印證了「家」是立身處世永恆的根，只有根穩了，才有百年豐茂的枝與葉。

陳美琪

勤誠興業董事長

打造臺東成爲國際化的觀光城市是我治理臺東時的願景，不只開創熱氣球嘉年華、國際衝浪公開賽等等能吸引國際客的活動，心中一直盼望臺東能有國際品牌的飯店。感謝上帝差來了眼光獨到的朱董，把市中心閒置十五年的爛尾樓買下，改造成桂田喜來登酒店。

這家飯店不僅帶動了臺東觀光產業升級，創造在地就業，更是臺東翻轉的見證，當然也成爲我接待重要賓客的地方。我也因此認識仁宗兄，了解他的企業經營理念，從此多了一位可以請益學習的好友。

朱董事長白手起家，很年輕就創業，在短短幾年就站穩腳步，令人讚嘆。他具備過人的膽識、縱觀全局的敏銳、不怕挫折困難的企業家精神，然而，令我最敬佩的是，他對弱勢公益的慷慨支持，以及他對家庭的看重，尤其是他對父母的孝心。

卸任後有一回到臺南，參觀了朱董津津樂道的故事館：一張張泛黃的黑白照片，一篇篇朱伯伯的言教、身教、養兒育女奮鬥史，到朱董不負眾望開創桂田新事業。在我心目中，朱董是少見具國際宏觀的本土企業家，更難能可貴的是他在事業成功之後，首要傳承的是孝順和感恩，這是他設立故事館的目的。

成功有各種定義，然而擁有幸福的家庭才有眞正的滿足，誠如他在書中所說：「親情是我一生中最寶貴的資產」，而臺東這個大家庭也因爲有桂田集團加入，幸福感和光榮感倍增。謝謝朱董寫下這本書。不同於市面上談論成功創業的書籍，作者以標榜孝道的「桂田精神」立下尊榮父母的成功哲學，無比珍貴。相信此書一定能激勵更多年輕人，以家爲本，創造美好人生。

黃健庭
中國國民黨祕書長

桂田集團創辦人朱仁宗先生來信分享《起厝》即將出書，並囑我爲這本自傳寫序，我深感榮幸。初識朱仁宗先生，他已是南臺灣建築業赫赫有名的企業家，最初的印象主要來自同仁及業界對他的誠信及堅持營造品質的諸多肯定及讚美。

這幾年因業務合作及參與公益活動，從而有了更多的互動、接觸甚至長談，他的話題除了對事業的理想及抱負外，更多的是對於父母的感念及再忙也要撥出時間陪伴家人的溫暖，我體會到，應該就是這種對家庭價值的堅持，造就一個不平凡的企業家及企業品牌。

這本自傳以「起厝」爲名，正是他堅持家庭價值的展現，別具意義。

朱仁宗來自平凡的農村家庭，因感念父母辛勞及自幼對他的呵護、信任，為早日分擔家計，高中畢業即投入工作，由業務員幹起，憑藉堅毅的意志力、勤勞不懈的工作態度及獨到的眼光，如今創造了擁有九家子公司的集團。

朱董事長的每個成長歷程都充滿勵志和啟發，尤其他在事業經營上更有他獨到的智慧及人生態度，從最初的養豬畜牧農作起，憑藉著對品質的堅持及對客戶的用心服務，一步步拓展到跨業整合的多元化企業，期間即便遭遇重重困難，他也從未放棄，而是以更強大的意志力和創新思維來克服。這種不畏艱難永不放棄的精神，無疑是每位創業者學習的標竿。

《起厝》一書述說朱董事長的成長及創業歷程，從集團事業的起步到壯大，處處可以看到朱董事長的堅毅勇敢及他不忘本的初心，每一步都有他圍繞著家庭的核心價值，也就是愛、感恩、責任、榮譽。相信他努力奮鬥的人生故事，能夠傳承給更多有意創業的讀者，啟發大家踏實前行、勇敢逐夢。

雷仲達
臺灣金融研訓院董事長

在人生舞台上，每個人都專注各自的角色，有人默默付出，有人精彩無限。朱仁宗董事長不僅憑著過人的膽識，把成長的刻苦轉化爲成功的養分，而更難能可貴的是，他把對父母的慈孝、對家庭的關愛，深刻轉化成經營企業的理念。

透過這本《起厝：家是一切的起點》質樸而生動的文字，我們可以看到朱董事長一路與時俱進、愈挫愈勇，打拚事業的無限精彩，更能夠感受到一位企業家始終爲家庭默默付出，從守護家人的初心出發，一步一腳印，從業務行銷、建材營造再到飯店經營，終於成就了如今衆所欣羨，不斷蛻變、成長的桂田集團。

我與朱董事長同爲臺南囝仔，結識之初就分外親切，相處後更覺得他是一位性情中人。不僅絲毫沒有架子，言談中更總能敞開心懷，分享與家人相處的點點滴滴。拜讀朱董事長的自傳，更讓人深信「家是一切的起點」，期望讀者透過本書啟發，從家庭出發，爲我們的社會孕育更多良善的力量，讓臺灣各地都能擁有像桂田集團一樣，以永恆承諾爲職志，回饋人群、鄉里的正向企業。

鄭光遠
臺灣高鐵總經理

在這個快速變遷的時代，朱仁宗董事長即將出版的新書《起厝》，不僅是一部關於創業與家庭心路歷程的真實寫照，更是對生命成長的深刻反思。

朱董的人生旅程，如同一場最美麗的旅行，從初出茅廬到如今的成就，背後凝聚了無數珍貴的回憶與智慧。更讓我們看見他如何在創業的旅途上，克服重重困難，最終成就今日的輝煌。

在創業的日子裡，朱董以溫馨的態度面對生活中的每一個挑戰，面對工地上各種突發狀況，他總能冷靜以對化解僵局，展現出智慧與能量。這樣的堅持與毅力，宛如一幅賞心悅目的風景，爲團隊、自己與家人創造了無拘無束的未來。

我與朱董的相識源於工作，我們委託三民營造興建萬國通路廠房，從圖面規劃到結構設計，朱董的專業與負責任讓我深受感動，特別是在疫情肆虐的艱難時期，他依然堅持頂規品質與售後服務，讓我們克服了重重困難。

在書中，最令人動容的是朱董對家庭的深厚情感。他常常帶著年邁的父親巡視工地，無時無刻陪伴在側，無不令人動容。他不僅是企業的領導者，更是家族的守護者，培養二代接手的決心，展現了他對未來的期許。朱董的故事不僅是對事業的追求，更是對家庭的珍惜與承諾。

我衷心推薦這本書，定能成爲更多人心中的光，照亮讀者的成長之路。

謝明振
萬國通路董事長

《起厝：家是一切的起點》一書是桂田企業集團朱仁宗董事長以「家」爲中心，對他與父親及兒子三代，從早期他在鄉下隨父親胼手胝足養豬務農開始，到成家、創業、成長、茁壯與傳承，一路走過艱辛歷程的自述，雖然朱董事長說這本書是他的自傳，但我反而覺得這是桂田企業集團的一部發展史。

「桂田」雖是一家臺南在地的企業集團，但在全國卻是頗爲知名的營造業與觀光飯店業。更難能可貴的是它充滿著思源感恩、行善積德、勤善誠信、挑戰創新的企業精神。

「思源感恩」是因爲「桂田」兩字是朱董事長以其父親朱炎田先生與母親張月桂女士的名字而命名，目的是以此提醒自己要毋忘親恩、事親至孝，並做爲以家爲中心，永續傳承親情的依歸。

「行善積德」是早已深植桂田的企業文化，平常投入的社會關懷與回饋從沒少過，但朱董事長並不以此爲滿足，在一年多前，他就告訴我桂田企業能有今天，要感恩社會，因此接下來要做有系統的社會回饋工作，果不其然，在二〇二四年就成立了「桂田恆諾社會企業」，更加彰顯行善積德的企業文化，這是朱董事長的決心，也是他對社會的堅定承諾。

「勤善誠信」是因爲朱董事長自二十六歲創業伊始，從浪板業拓展到鋼構業與營造業，之後進入觀光飯店業開設臺南及臺東桂田酒店，始終本著勤業踏實的精神經營事業，以同理心的態度善待員工及客戶，以誠信道義化解商場的現實與危機。

「挑戰創新」是因爲每當在經營上遇到困難或危機時，朱董事長總能以他的經驗與智慧，勇於面對挑戰並提出創新方法解決，臺灣文學館的古蹟修復工程、鶯歌車站的改建工程、臺東桂田酒店的整修工程、善化市區磐古一期建案的興建工程，都是這樣走過。

很高興也很榮幸能受朱董事長之邀爲這本書寫序，這書記載著朱董事長用行動造福人群的經營智慧，行文中沒有華麗的詞藻修飾，只有平易眞誠的語意刻劃，卻一樣能讓讀者領略到朱董事長對親情的眞情流露與對企業的經營哲學，並深深沉浸在每一個閱歷過的場景中；闔上書後，又會讓讀者深刻體會朱董事長的成功絕非僥倖，桂田企業的成長茁壯更非偶然。透過這本書，桂田企業集團必然成為企業經營與青年創業的學習典範。

蘇建榮
前財政部部長

桂田集團朱仁宗董事長事業有成，現在更樂於將他充滿奮鬥與智慧的人生經歷分享給眾人，此書《起厝：家是一切的起點》講述他從平凡的農村家庭，憑藉自己的努力與智慧一路走來，在商業世界中創造出不凡成就的故事；與其說是個人傳記，更是一部關於親情及溫暖回憶的家庭故事。

朱董事長的故事始於農村家庭，父親朱炎田先生和母親張月桂女士勤奮樸實，一家人過著簡樸幸福的生活；為早日分擔家計，高中畢業即到紡織廠上班。然而他並不滿足於此，憑藉著對未來的憧憬和不懈的努力，從浪板、鋼構到營造，逐步探索更多機會。

三十歲的朱董事長成爲臺灣最年輕的飯店頭家，重視孝道與家庭倫理的他，特別從父母親名字中各取一字，爲酒店命名爲「桂田」，不僅是對父母的深情敬意，更體現了他對家族傳承的重視。後來他也因緣際會投資臺東，爲臺東挹注更多資源，以及爲東漂的旅客提供溫暖優質的服務。

這幾年，慶鈴見證了桂田喜來登酒店在朱仁宗董事長的帶領下，成爲臺東的重要地標之一，爲在地觀光產業與經濟注入新的活力。

朱董事長不僅是成功的企業家，更是一位有責任感的社會賢達，他用實際行動詮釋了努力奮鬥與家族責任的意義，並以自己的成功故事激勵了無數的年輕人。

朱董事長以他的人生經歷告訴我們，只要堅持不懈，都有可能創造出屬於自己的奇蹟。希望每一位讀者都能從中汲取到力量，找到屬於自己的成功之路。同時，也祝願朱董事長在未來的事業中，繼續創造更多的輝煌成就，爲臺東、爲社會帶來更多正能量。

饒慶鈴

臺東縣縣長

前言

起家厝

我是一個「起厝」（蓋房子）的人，也是一個對「厝」（家）充滿著感情的人。

我這輩子經營的事業，都是從「厝」的概念衍生出來的——我的創業之路，從賣建材、做營建，乃至於開飯店，都與「家」有關。

而家族的羈絆，更是成就我人生最核心的力量。他們給我的親情，讓我得以從一個臺南大社養豬人家的庄腳囝仔，白手起家成爲年營業額超過幾百億元集團的主事者。

我把公司命名爲「桂田」，也是基於對父母親的感恩與孺慕，所以從爸爸朱炎田、媽媽張月桂名字中各取一字，做爲我公司的名字。沒有他們，就沒有桂田，沒有這一切的故事。

承滿回憶的樓仔厝

二〇二〇年十二月，我們朱家大社的老宅舉行改建的動土典禮。這間老宅是我的「起家厝」，對我來說意義良深。

跨入營建業多年，我蓋過無數廠辦和住宅，但嚴格說起來，這間二丁掛的樓仔厝（兩層或是兩層以上的房子），或許才是我人生中親手蓋的第一間

老家門口的芒果樹陪伴朱家超過五十年，
一年四季枝葉繁茂，
也見證我們一家深刻的情感。

房子。

樓仔厝旁邊本來是豬寮，附近則有一個小小的三合院，那是我出生以後才蓋的房子。但是空間實在不夠用，全家六口人晚上只能擠在通鋪上睡，加上後來蓋了豬寮，全家總動員開始養豬，我國小五、六年級以後，乾脆就搬到豬寮住，吃飯時間才回三合院跟家人一起用餐。

我入伍前，我爸想在豬寮隔

壁蓋一間新房子，好讓我將來娶妻時有個像樣的地方住，我到現在還清晰記得爸爸當年說這話時，又是逗趣又是慈愛的神情：「啊無哪一個查某囝仔會想要甲你住在豬寮？」

雖然我們有請泥作師傅幫忙，但是其他工序，則多半是我跟爸爸一起合力完成，當然，我媽媽、姊姊們也參與了許多工作。這間房子是我們全家人的共同作品，眞的是名符其實在「建構」、「打造」一個家。

我後來在這間我們全家人協力建造的樓仔厝結婚、生子，也在這裡創業、發展，我的姊姊們也是從這裡出閣，我的孩子們也是在這間房子裡長大，這裡承載著太多我人生中最珍貴的回憶。

多年後，我有了一些成就，爲全家人蓋了更寬敞舒適的房子，但這裡，仍舊是我們的根、我們的起家厝。我的兩個兒子結婚時，我們還是回到這裡完成結婚儀式，拜天公、敬謝天地祖先，誠心祝禱：「咱後代子孫今日有大喜事，保庇咱大家平安順利、開枝散葉。」

我從小就是一個很戀家的人，對我來說，這世上沒有什麼事比親情更重要。我覺得自己最幸運的地方，不是擁有多少功業或財富，而是一家人和睦美滿、心都聚在一起。二〇二〇年，我決定要改建大社朱家老宅。如果說三合院是朱宅一．〇，我跟爸爸所合建的樓仔厝是朱宅二．〇，這一次要催生的就是朱宅三．〇。

三十幾年前建樓仔厝時，我們父子只有兩雙手，什麼都要自己來，但現在，我擁有營業額達幾百億元的企業集團，旗下有著一流的建築師、設計師，以及衆多專業的營建人才，爲我實現朱宅三．〇的想像。

有人問我，這算不算是一個「衣錦還鄉」的行動？

我改建起家厝，
是希望讓家人更緊密團結，
未來成為薪火相傳的家族基地。

對我來說，與其說是「衣錦還鄉」，倒不如說，我想藉著改建我們的起家厝，讓全家人的心能夠更緊密結合。我一直期許自己能夠扮演家族中「桶箍」（將木桶片箍住的鐵線圈）的角色，把不同的「桶片」（家人）兜攏、聚合在一起，成為一個堅固的容器。既然我有了一些小成，何不應用我的資源，賦予我們起家厝全新的意義？讓朱宅三·〇成為一處永遠的家族基地，讓各自成家的家人們有地方能夠回來團聚，同時，也是一個溫暖的招待所，款待我們最特別的客人。

把家的祝福傳遞出去

動土大典那天，我們四代人齊聚一堂，以及許多親朋好友，一同見證這薪火相傳的一刻。

看著老家的一草一木、一磚一瓦，回憶翻湧而來。

小時候，颱風天停電，我們全家人睡在通鋪上，姊弟四人簇擁在媽媽身旁，聽她繪聲繪影地講靈異故事，大家又是害怕又是想聽，緊緊挨著彼此，完全忘了外頭有狂風暴雨。

老家還有個古董菜櫥，那是媽媽的嫁妝，以前媽媽煮好菜以後，會把菜餚先放在菜櫥裡，一來保溫，二來防蠅，但防不了兒子來偷吃，我總是一下課或一下班，就跑到廚房裡，打開菜櫥先嚐爲快，讓媽媽又好氣又好笑。

老家門口還有棵芒果樹，早年是用來拴牛的。爸爸經常會在吃完晚飯後，拉張長板凳在那裡泡茶、吹口琴，媽媽在廚房洗碗，我認眞爲客戶算圖（計算建築工程的各項工程量），我太太幫我記帳，我兒子則在客廳寫

改建完成的朱宅，
成爲一處永遠的家族相聚的會所，
只要重要時刻，我們全家人都會在此團圓。

功課……，這麼多年過去了，這幅全家福的美好景象，仍深深鐫刻在我腦海，只要一閉上眼，就彷彿可以感受到那時夏夜裡徐徐的涼風，風中還迴盪著爸爸悠揚的口琴聲。

要拆掉這充滿回憶的朱家老宅，大家當然會有滿滿的不捨，但與此同時，又有滿滿的歡喜，期待著朱家的未來，會有一番新氣象。

三十年前，從朱宅二．○這間起家厝開始，我慢慢變成一個專門爲別人起厝的人。

我帶著家庭給我的力量走到今天，期許自己在朱宅三．○之後，能夠把桂田也經營成一個能夠爲更多家庭創造幸福的企業。

願「家」能夠成爲每一個人一生的祝福。

家

深厚的父子情，是人生最寶貴的資產

PART 1
美滿人生的基石

養豬人家

一刻都不得閒的養豬事業
雖然工作繁瑣、辛苦
卻是全家人同心協力的見證

二〇二〇年，我在新市區大社里老家，重建了朱家祖宅。

全新的朱宅風格簡約現代，優雅得就像是美術館一般。大器雅緻的雲灰色清水模外牆上，掛上了以黑色鑄鐵製作的公司名「桂田」二字，中文字下則是我們公司的英文名字「THE GREATENS」。

進入大門之後，映入眼簾的是鬱鬱蔥蔥的日式風格庭園造景，庭院裡有許多姿態遒勁優雅的日本松樹。

在主建物旁的過道中央，有一棵枝繁葉茂的芒果樹，對我們朱家來說，這棵芒果樹別具歷史意義。

誰能想得到，三、四十年前，這棵芒果樹是用來拴牛的呢？而誰又想像得到，這片美輪美奐的靜謐庭園，曾經是臭烘烘的嘈雜養豬場呢？

被錢追著跑的生活

大社里這個地方，至今仍帶有濃厚的農村氣息，我出生那時這裡更是淳樸，就是個典型的鄉下地方，鄰里多以務農為生。

我家雖然還不至於到「家境清寒」的困窘地步，但在我印象中，小時候家裡經濟狀況從未寬裕過，老是被錢追著跑。我爸爸那一輩，家裡有六個兄弟姊妹，大家庭食指浩繁，養家不易，加上阿公做小生意失利，欠下了很多債務。

我聽長輩說，當年我媽媽嫁過來時，爸爸一窮二白，沒有房子、沒有土地，連身上那套西裝都是租來的。

叔伯與姑姑們各自成家後，阿公仍有許多負債未還清，我爸爸是很有骨氣的人，他常說：「人可窮，但志不可窮。」一肩便把債務扛起來。

爲了養家、還債，我爸爸特別努力賺錢。我媽媽當年其中一項嫁妝是一輛腳踏車，我爸爸便去魚市場批發一些魚脯（魚乾製成的食品），騎著腳踏車沿街叫賣。

爸爸與媽媽結婚時，沒房也沒地，
連結婚當天穿的那套西裝都是租來的，
婚後兩人相互扶持、同心協力，
撐起了我們這個家。

我爸爸的個性認眞，又特別懂得招攬生意，因此魚脯小生意做得還不錯。我爸有個朋友便學他，也去批發一些魚貨來賣，叫賣了一天，卻連一半的貨都沒賣完，看來做生意，還是需要一點天賦的。

爲了討生活，我爸爸做過很多種工作。因爲光是賣魚脯，實在沒辦法滿足家裡的經濟需求，有一段時間，我爸爸還去當紅磚瓦的建材業務。做了一陣子，他發現這門生意應該有可爲，我大姊出生後，就搬到左鎮，跟人承租了一間小型窯廠，請工人生產紅磚瓦，他則負責跑業務。

大姊二、三歲時，我們一家又搬回來大社，開始從事畜牧業，養了幾頭牛和幾頭豬。我有三個姊姊，我是家裡最小的兒子。孩子陸續出生後，父母親更是想方設法開源，爸爸除了做屋瓦板，還兼做過碾米機生意，當時臺灣糖業還挺蓬勃，媽媽還去農場幫忙削甘蔗、打零工貼補家用。雖然收入管道增多，但是只要有餘錢，就得拿去還債，因此基本上，家中所得也僅夠全家人溫飽而已。

與豬爲伍的青春

媽媽當初嫁給爸爸的時候，家裡環境還很差，債務很多，連一間像樣的磚瓦房都沒有，只能住在「塗墼厝」（用土塊砌成的房子），等到我出生以後，才改建成三合院，可是，家裡人口多，空間還是相當局促。

到我六歲左右，爸爸已經把阿公那一代留下的負債還得差不多了，他有意擴大養豬這門營生，於是，想辦法買下了三合院旁邊的一小塊土地，在那裡蓋了豬寮。

說起來，我跟豬的緣分還眞是深。我姓朱，跟豬諧音，生肖屬豬，就連家裡都是養豬人家。自從我家開始養豬以後，爸媽的工作重心就全部放在豬寮。一開始只養了幾頭，慢慢地，豬愈養愈多，從一百頭，增加到三百頭、五百頭……，最多的時候，我家的豬舍一共養了一千餘頭豬。

聽到這個規模，很多人或許會以爲，那我家應該算是養豬

在我出生之後，
我們一家住在改建的三合院，
但也因爲食指浩繁，
生活空間十分局促。

富戶，可以翻身了吧？其實，養豬這個行業的風險遠比外界想像得高。首先，豬價起起伏伏，有時價格突然暴跌，利潤都被蝕盡；更糟的是，若是遇上豬瘟、口蹄疫，豬農更是血本無歸。

隨著規模增加，蓋豬寮要錢、養小豬仔也要用到錢，遇上資金周轉不來而捉襟見肘的時候怎麼辦？當年農村可沒有跟銀行貸款這回事，只能透過標會，或是跟親朋好友借錢，來渡過難關。然而，跟人借錢普遍都是三分利，常常忙到最後，反而陷入豬養愈多，就欠愈多錢的窘境。為了降低成本，我爸爸還去可果美工廠收購被淘汰的番茄當飼料，箇中辛苦，眞的是不足爲外人道。

在我成長階段，經常看爸爸焦頭爛額追票仔（不跳票），票期快到就得去跟人借錢，如此循環往復。而且，養豬是一刻不得閒的營生，要餵養、要清理，工作非常繁瑣。我們全家人所有的時間，都被養豬工作綁得牢牢的，根本沒辦法遠行，印象中，在我高中前，我們全家一起出遊的次數恐怕不超過十次。

坦白說，年少時的我，對於養豬這件事，是有一點排斥的。因爲養豬，每天一下課就得乖乖回家幫忙餵豬，假日當然也不例外。當時的我正是愛玩的年紀，同學們到處玩耍的時候，我卻必須每天與豬爲伍，心理多少會有點不平衡。

而且養豬不但辛苦，味道又重，衣服上難免會沾染到臭臭的氣味，青春期的孩子特別愛面子，總覺得萬一讓人聞到，實在很丟臉，所以我一點也不想養豬。但是看到爸媽爲了全家生計這麼操勞，讀夜補校的姊姊們也辛勤分擔家務，我又怎忍心置身事外？

因此，不管心中如何不喜歡，我還是認眞參與，而且不只是養豬，連幫種豬交配、幫母豬接生，我全都會。

雖然我不喜歡養豬，但是，我十分珍惜一家人能夠在一起養豬的日子。

當家缺了一角

我讀國小時，家裡發生了一件大事，媽媽因爲膽結石必須開刀，但因爲醫師處置失當，在醫院住了兩個月，差點沒命，而且還在肚子上留下一道怵目驚心的超長傷口。

開大刀已經夠傷元氣，更折磨媽媽的是，接下來整整兩年，她經常苦於各種發炎、感染和併發症，頻繁進出醫院，甚至有一次，情況嚴重到有人到學校通知我說我媽媽可能病危，我心急如焚地趕回去，一看到媽媽，忍不住崩潰痛哭，一面抱著她，一面懇求她千萬不要丟下我。

那段時間，我連作夢都會夢到媽媽生病的事。上學前，我都會跟神明禱告，一定要保佑媽媽平安，心裡常有種隨時都會失去母親的恐懼，生怕哪天放學回家，就再也看不到她了，那該怎麼辦？夜裡有時愈想愈怕，還會躲在被子裡偷哭。

以前醫學不像現在這麼發達，城鄉差距也大，媽媽的病痛怎麼治都治不好，最後家人只好去求問玄天上帝。

玄天上帝是大社在地香火鼎盛的神祇，很多大社居民都虔誠地信奉祂。而我們家跟玄天上帝的淵源也很深，我很小的時候，父母親擔心我「歹育飼」（指虛弱難照顧），就按照傳統習俗，讓我去當玄天上帝的「契囝」（義子），期盼有神明庇護，能保佑我平安健康，平時生活如果有什麼疑難雜症，也都會到神明面前求問。

媽媽這次的病況如此棘手，我們當然也去擲筊請示神明。玄天上帝指示，這個病要去臺北榮總才有辦法，於是媽媽北上求醫，爸爸也跟著去陪病，而伯父及叔叔則來我家顧頭顧尾，幫忙養豬。

父親常說，能與母親結婚，
生下姊姊們（左1～3）和我，
擁有這樣美滿的一個家，
是他人生最開心的事。

那一段期間，整個家都不像家了，但也因此，我們姊弟都不得不快速成長，學會做個乖巧懂事的孩子，讓爸媽沒有後顧之憂。一向不喜歡養豬的我，在那個時候卻特別想念一家人一起養豬的日子，只要媽媽能健康，我保證放學後不會到處亂跑，一定認命地馬上回家幫忙。

幸而媽媽經過治療後，總算慢慢康復，回到我們身邊。自那以後，我格外珍惜全家人同在的日子，因爲我深刻體會到，在這個世上，沒有什麼事情比全家人健健康康、平平安安守在一起更重要。

懷念全家同心的情感

我家裡的養豬事業，從我六歲一直持續到我成家。

記得我高中快畢業時，面臨生涯選擇，爸爸曾經問我：「以後要不要把家裡的豬寮再擴大一點，等你退伍後接下來做？」

對於養豬這件事，我始終興趣缺缺。我珍惜的是全家同在一起的感覺，可不是養豬本身，於是便回答他：「爸，麥啦，按呢我會娶沒某啦！」

雖然是半開玩笑，但也有相當的認眞成分。我並不想接管家中的養豬場，並不是因爲養豬太苦，我不是怕辛苦的人，吃苦算什麼？問題是，養豬這個行業對我來說，沒有一分一毫的吸引力；所有時間都被養豬綑綁的生活方式，我也不喜歡。我想在接下來的人生闖點別的事業。

在那個當下，我並未想過將來的我，有天能夠有今日的發展，只是想找一份能讓自己比較「有感覺」的事業，而這份工作，絕對不是養豬。

我退伍後，家裡還繼續養了幾年豬，隨著我開始創業，養豬事業最後便收起來。從此，我也轉向一條完全不同的人生道路。

雖然脫離養豬事業，但現在，每當我偶然驅車在高速公路上，看到滿載豬仔的貨車駛過；又或者行經養豬人家時，聞到那股熟悉的濃厚氣味、聽著豬隻齁齁齁的嘈雜叫聲，內心卻經常湧現溫暖的懷念之情。

那讓我回想起全家人一起同心協力工作的場景：我在攪料、媽媽在刷豬槽、爸爸在幫豬打針，姊姊們則在三合院煮飯，等我們回家一起吃；有時母豬夜裡要生小豬，全家人還會挑燈合力幫忙接生……經過這麼多年，這些景象仍歷歷在目。

雖然那時候家裡經常爲錢煩惱，物質生活頗爲匱乏，但是家人之間的羈絆很深，彼此總是互相體恤、互相幫補、互相完滿，這份深厚的親情，是我一生中最寶貴的資產。

桂田心法

1. 人活著要有骨氣。只要願意，沒有克服不了的難題。
2. 即使不喜歡的事，因為愛去做，也能讓生活有意義。
3. 全家平安健康是一個人打拚事業，最重要的目標。

春風少年兄

待人豪爽、有正義感的特質
讓我在求學與軍旅時期
擁有不錯的人緣

在生意場上，常有人用「霸氣」、「豪爽」來形容我，說起這種特質，其實在我小時候就可見端倪。

我對父母的感情深厚，每天放學一回家，就是乖巧聽話的好孩子，會分攤家務、幫忙養豬，沒有第二句話；但在學校時，我則是那種特別調皮搗蛋的愛玩孩子，我不喜歡讀書，還曾去教務處偷看試卷，回家再把答案刻在原子筆上，考試時丟給同學們集體作弊。我還經常蹺課，跑去游泳、釣魚，或偷挖人家田裡的地瓜，拿去爸媽的磚窯焢番薯。有一次蹺課被逮個正著，回家後，被我爸用皮帶狠狠抽了一頓。

我的朋友特別多，而且天生就是群體裡的「帶頭大哥」。打從國中起，就總有一群兄弟眾星拱月般跟著我，還給我取了個響亮的外號叫做「皇帝」。

會得到「皇帝」這個綽號的原因有：我的名字「朱仁宗」，聽起來就像個古代帝王的諡號；在他們眼中我講義氣、膽識過人，並且出手大方。

國、高中時，每當看到有人被欺負，我就會挺身而出，尤其是朋友有事，我絕對不會置身事外。還記得高中時，我的一個好兄弟去招惹另一陣營老大的女朋友，那一方當然不肯善了，於是我出面跟對方談判。我帶了五個人去，一到現場，對方竟然帶了五、六十個人，雖然「戰力」懸殊，但我絲毫沒有懼色，還是不卑不亢把事情談判妥貼。

這個事蹟，可能讓人會以爲我是「古惑仔」，在搞幫派。其實並沒有，我絕對不會做讓我父母丟臉或傷心的事，雖然有很多朋友「擁護」我，但我們並不是「幫派」，也從未欺負弱小、爲非作歹。只是我雖然不會主動惹

可能是因爲我豪爽、大方，
國、高中時期，我的朋友特別多，
少年時過得多采多姿、風光快樂。

事，但也並不怕事；我不無端引戰，但也絕對不懼戰，若有人來招惹我們，我絕對不會姑息或屈服。

絕不讓人請客

我有個規矩，從我年少時一直保持到現在，那就是：只要出去吃飯，從來都是我買單，沒有讓朋友付錢的道理。即使在我口袋不深的時候，也是秉持一樣的原則，絕不讓別人請客。

我是滿要面子的人。國、高中時期，因爲家裡經濟比較緊張，媽媽也很忙，她幫我帶的便當自然就比較簡單樸素，經常只有荷包蛋、炒菜脯之類的配菜。這樣的菜色當然也非常可口，我也很愛吃，但是跟同學那種有雞腿、排骨等豐富菜色的便當一比，似乎就相形見絀。青少年時期的孩子原本就特別敏感，對此不免有些自卑，所以我都在上午第二節、第三節課時，就先把便當偷偷吃完，免得中午時跟同學比評。

讀書時，大家都很愛到福利社買飲料、零食來吃吃喝喝，我都習慣把生活費省下來，攢了一週，等手頭存夠錢以後，再去福利社請大家吃東西。如果我手頭緊，就不去湊熱鬧，絕不讓同學幫我付錢，這是我在學校做「老大仔」的堅持。

多采多姿的少年生活

要請客，就得手頭有點錢，家裡經濟這麼緊張，我當然不可能跟父母拿。高中時，我經常主辦舞會或機車郊遊，或是幫學校安排參觀活動，每次要租遊覽車或安排旅館、民宿，廠商都會回饋一些佣金給我，而這些錢，我全都花在朋友身上，從來沒有留一分好處給自己。

關於這一點，頗多也是受到我爸爸的影響。爸爸是交遊廣闊的人，記得我小時候，三不五時就有一、二十人到家裡找我爸爸泡茶。雖然爸爸的手頭並不寬裕，但只要客人來家裡，他一定周到地買菸、泡茶熱情款待。

因爲我很大方，加上跟著我走路有風、絕對不會被人欺負，因此我讀書時非常吃得開，到哪裡都有一群人簇擁。而且我還特別能言善道，異性緣特別好，喜歡我的女生很多。我當時交往了一個初戀女友，我身邊那一掛兄弟們還恭恭敬敬稱她爲「嫂仔」。我的整個少年時期可以說是過得多采多姿、風光快樂，堪稱春風少年兄。

高中畢業後，我並不打算升學。其實，我家族裡有滿多很會讀書的人，尤其我媽媽那邊的親戚，更是出了不少「學霸」，但是我卻打定主意不要升學。一來，我眞的不愛讀書，二來，我看爸媽那麼辛苦，實在不想讓他們多負擔，想早點出社會，賺錢貼補家用。

還記得以前讀書時，每到學期初要繳註冊費，我爸爸就開始煩惱，得四處跟別人借錢，好籌出我的註冊費。我於心不忍，加上我對讀書不是很有興趣，還是別繼續了。本來我爸媽就沒有「萬般皆下品，唯有讀書高」的觀念，既然我不想繼續升學，那就照我的想法。

畢業後，在等當兵的那段空檔，我在東雲紡織找了個作業員的工作，因爲離家很近，空檔時還可以回家幫父母養豬，減輕他們的工作負擔；紡織廠一個月薪資一萬八千元，除了請朋友吃飯，其餘都拿去跟會，好增加一點利潤。我十八歲畢業，二十歲去當兵，兩年間我就存了四、五十萬。

在我當兵的那個年代，還有老兵欺負新兵、不合理的訓練就是磨練的文化。因此剛入伍時，我也是感覺很沒尊嚴，但好在我的體力好，不怕操，倒也不覺得苦，而且我還是秉持以前在學校時的處事原則，我懂禮貌、講究人和、喜歡跟人廣結善緣，但是也不是可以讓人隨便欺負的軟柿

雖然在退伍之後，
我對未來還沒有清楚的想法，
但我知道，父親是我最堅強的後盾。

子，也曾經為了幫被霸凌的同梯，不惜跟學長槓上，但也因為這個事件，後來老兵都不敢隨便整我們。

雖然初期發生過一些小摩擦，但總體來說，我在軍中就跟以前在學校一樣，很有人緣。新訓中心選兵時，我全都選得上，最後到中壢去做通信兵。

下部隊當班長時，兵都很喜歡跟著我，因為我跟其他長官不一樣，我雖然有威嚴，但不會拿雞毛當令箭，隨便羞辱或惡整下面的兵，加上又生性大方，跟我出去常有一些好處。比如說，我帶部隊去幫農民收割，因為我對長輩特別客氣、有禮貌，跟農民伯伯們都變成好朋友，他們還會買飲料、點心慰勞我們，回來大伙兒又放八天榮譽假，班兵們都很開心。如果在部隊出了點糾紛，我還會居中斡旋或幫大家主持公道，部隊弟兄們當然都喜歡我。

在軍中那段時間，學到不少讓我受用一生的領導哲學。首先，權力在手，要謹慎使用。霸氣不是鴨霸，而是有肩膀，願意承擔。第二，「人和」很重要。帶人要帶心，下面的人信服你，你做事情就會順風順水，甚至還能逢凶化吉。

有人覺得當兵很苦、很浪費時間，但對我而言，那兩年的軍旅生涯倒是收穫頗豐，要說有什麼不如意的事，大概只有一件，就是「被兵變」。我當時有個初戀女友，從國中就開始交往，我們在一起八年，兩人是那種「純純的愛」，但就在我當兵的期間，她變心了，決定嫁給一個老闆的小兒子。

灑脫不糾結

知道初戀女友要結婚的消息時，我剛好被派到小雪山上顧電台，軍旅生活畢竟比較寂寞封閉，有些男生可能聽到女友變心，便一時受不了做出各種傻事。我雖然傷心，但我這個人向來不糾結，一個人的心既然遠離了，這時指責對方或向對方討要說法，全都毫無意義，傷害自己更是不智且不值。於是，我打給她最後一通電話，恭喜她要當六月新娘了，還包了一個六千塊的大紅包做爲賀禮，就算是爲那八年畫下一個句點。

扣除「兵變」插曲，我的當兵歲月還是挺順遂的，而且我這兩年還存了二十萬的軍餉，連同我入伍前存的四十幾萬，一共有六十萬元。退伍後，我爸爸想要起一間新厝，說是要做爲我以後娶某的新房。於是，我便拿出這二年的積蓄，跟我爸爸合建了一棟透天厝。

除了準備「成家」，我還有一件同樣重要的事情得好好思考，那就是：要如何「立業」？

我沒有意願接管家中的養豬事業，可是，如果不做這一行，沒有特殊專長的我，又該做什麼好呢？

雖然對於未來還沒有很具體的想法，但初生之犢不畏虎，我心中隱約總有種信心：只要我好好幹，將來不管做什麼，都能闖出名堂的。

桂田心法

1. 對朋友講義氣、在商場膽識過人、平日多結善緣，就可以行遍天下。
2. 領導不外乎「承擔」與「人和」而已，只要讓人信服，一切都能順風順水，甚至逢凶化吉。
3. 如果事情已無法挽回，終日煩惱憂傷毫無意義，不如灑脫繼續往前。

業

開自己的道，走不一樣的路

PART 2
創業的拚搏

叫我第一名

想要獲得成功
就要積極爭取機會
全力實現許下的承諾

我退伍後第一份正式的工作，是在一家動物藥品公司擔任業務。因爲家裡養豬，爸爸知道有一家動物藥品公司的梁逸源董事長正在找業務，於是幫我牽線，到那裡任職。

其實在那之前，我曾在報紙分類廣告上找到一個賣酒的工作，但是只做了三天，我就覺得不大對勁，感覺這個工作學不到我想要的東西，繼續蹉跎下去，只是浪費時間，因此當機立斷辭職，決定換工作。

因爲是爸爸介紹的，我可不能讓爸爸漏氣，而且我也想向他證明，就算我不養豬，也能闖出一番成績，因此特別賣力工作；而我爸爸跟我一起打拚，他每天養完豬，得空就來陪我跑業務。

對於梁董來說，聘用我可以說是「一人錄取，兩人服務」，相當划算。也就是從那個時候起，我們父子就一直是事業上的生命共同體，這也是我跟爸爸感情特別深厚的原因。

我很感謝梁董，他算是我的業務啟蒙老師，教我許多做業務的訣竅，讓我印象最深刻的就是：要有膽識，讓客人覺得你是胸有成竹的。梁董說：「你如果自己攏驚驚，人客哪會對你有信心？如果你現在只有三分實力，你可以講到七分，按呢人客才會有信心，但是你之後就要盡全力去達成。」

他的意思並不是要「膨風」（吹牛）騙客人，而是就算自己現在的實力有一點不足，還是要勇敢去爭取；更重要的是，爭取到手以後，就要全力去滿足這個承諾。

人都是有潛力的，肯鞭策自己，就能激發出潛力。他這個教誨對我來說受用無窮，在我工作生涯中，無論是當上班族，幫公司跑業務，又或者自己創業找客戶，我一直都非常勇於爭取機會，而且，我會調動所有可能的資源，去完成我對客戶的許諾。

因爲我的勤快認眞，進入公司僅僅三個月，我就做到臺南縣市業績第一名。老闆很欣賞我，後來還提拔我去當臺南地區的總經銷。我年僅二十五歲，當時跟我差不多年紀的上班族，月薪大概只有二、三萬元，但我當年的月收入就已經高達十幾萬元。

在這個階段，我也完成了終身大事。

相知相惜，攜手一生

退伍後，我三姊看我恢復單身，提議要介紹一個女孩給我，而這個女孩，後來就成爲我牽手一輩子的妻子。

我還記得跟太太第一次見面是在溪頭，三姊跟男朋友也一起去了。這個女孩溫柔嫻靜，模樣又漂亮，初次見面就讓我有極大好感。那次見面以後，我就對她展開熱烈的攻勢，得知她在學開車，我就每天拎著早餐去教練場陪她練習，就這樣陪了她一個月，她順利取得了駕照，而我則贏得了她的芳心，成爲男女朋友。

有時跟別人講到和太太的戀愛故事，我常會開玩笑說：「追她眞的沒有成就感欸，約她出來從沒被拒絕過，眞是太沒有挑戰性了！」

這當然只是一句戲言，我太太就是這樣一個誠懇實在的女孩，一旦認定了，就是眞心、專情相待，不會跟你玩什麼欲擒故縱的心理遊戲，我就是喜歡她這種眞誠的特質。

我們交往約四、五個月時，當時我還在做動物藥廠的業務，某次開著九人座小貨車載貨出門，途中發生嚴重車禍。車子行經麻善大橋附近，突然失衡一百八十度翻車，因爲撞擊力道太大，擋風玻璃應聲碎裂，我整個人則被拋出車外、從高處摔落。

當時車上還有兩個人，一個是我老闆梁董，他當天剛好有事搭我的便車，還有一個則是我的同事，他還是我的高中同學。他們兩個雖然不像我整個人被甩出去，但都有受到一點輕傷。梁董的眼鏡不僅飛了，就連手腕上戴的一只勞力士「滿天星」錶，都在巨大的衝擊力下脫扣甩飛了出去。

兩人驚魂甫定、踉踉蹌蹌爬起來之後，看我不在車子附近，趕緊四處張望尋找我的下落，見我飛得老遠，都很害怕，心想我肯定受了重傷，慌慌張張地趕過來救人。但很神奇的是，被甩出車子外、從高處摔落的我，竟毫髮無傷。

大難不死，必有後福

說來也玄，當我被拋出落地的當下，彷彿像是被什麼力量抱持住似的，滾落到道路一旁的大水溝，除了比較狼狽以外，全身都沒有受傷。如果當

"

眞心與專情的相待，
讓我決定與太太彼此扶持一生，
而她也成爲我事業上重要的夥伴。

時是摔落到堅硬的馬路上，結果就沒這麼好運了，恐怕會骨折重傷；更可怕的是，萬一又不巧後方來了輛砂石車或貨運車之類的大車，一個煞車不及輾過來，我可就小命不保了。

當時還是我女朋友的太太得知我出車禍，一時之間搞不清楚狀況，聽到車頭全毀、我還被甩出去，以爲我傷勢嚴重，就立刻嚎啕大哭、極其傷心。我後來聽說了此事，心下倒是一暖，頗爲感動。既然我們都認定了彼此，那何不早日結爲連理呢？於是交往半年後，我們就訂婚了。

我很小的時候，家人就讓我去認附近大廟的主神玄天上帝爲「契爸」（義父），做祂的「契囝」（義子）。在那場大車禍後，有一位長輩說，那個路段死亡車禍特別多，很多死於車輪下的冤魂都會在那裡「抓交替」，而在這場意外中，我車頭全毀，人卻沒有受傷，一定是玄天上帝在暗中保佑，我此番大難不死，必有後福！

蒙這位長輩吉言，後來我不但娶了能夠一生彼此扶持的賢妻，而且在事業上，也迎來了重大轉機，因緣際會切入建材領域，往後便一直在營建相關領域不斷深耕。

我結婚那時，雖然在動物藥品公司做得順風順水，老闆倚重，收入也不錯，但我隱約還是有種危機感，覺得臺灣終究要從農業社會轉型成工業社會，動物藥品這種爲農業社會而存在的產品，恐怕能見度會愈來愈低，所以，我應該要多關注其他行業才對。

此外，我並不滿足於一個月十幾萬的收入。成家以後，總會有孩子，我希望能夠再多賺一點錢，提供全家人更好的生活。於是，就開始認眞研究報紙上的徵才廣告，試圖尋找其他機會。

某日，剛好看到有間彩色烤漆浪板公司要徵業務，雖然我對建材並不熟悉，還是大膽地去應徵，也順利被錄取了。

報到之後，公司安排了一位經理帶我，原以爲他會認眞教我行業內的專業知識或業務眉角，沒想到，他只是用一種老鳥的油條口吻跟我說：「小朱啊，你毋免太認眞啦！你就每天進公司一下，日報表塡一塡，BB Call 接到訊息時回一下，只要一個月做到一個額度，公司就不會甲你辭頭路（辭退你），輕輕鬆鬆。」

從小，我爸爸就教我「做代誌，攏愛照起工來」（做事情要腳踏實地）、「食人一口，報人一斗」，當時經理這種混水摸魚的工作態度，我實在無法接受。他帶了我三天，我就決定按照我自己的原則跟方法來工作。

維持第一的努力

剛開始，因爲什麼都不懂，還曾經被客戶考倒過，客戶沒好氣地挖苦我說：「你們這些業務，看起來有模有樣，結果卻什麼都不懂。」

被客戶當面奚落，自尊心強的我眞的覺得非常丟臉，但客戶說得也沒錯，確實是我自己專業不足。回去以後，我發憤鑽研建材相關知識，絕對不能讓這種事情重演。

雖然剛入行時有一點小挫折，但後來就漸入佳境了。還記得接到的第一張訂單是五萬元，雖然不是多大的金額，但畢竟是在新行業的第一個成績，我還是開開心心帶太太去慶祝一番。

我常說，爸爸是我生命中最重要的貴人，他總是在我闖事業的關鍵時刻，給我最大的幫助。我爸爸的朋友多、人面廣，也有一些朋友在做建材相關行業，他便經常帶我去熟悉業務、充實知識。幸運的是，當時爸爸有一個在經營鑄造廠的朋友正好有建廠需求，這個案子量體頗大，很多浪板同業都虎視眈眈，但透過爸爸的介紹，我順利拿下這張大單，讓我這個才剛入行的毛頭小夥子，業績瞬間衝到全公司第一名，也讓我在浪板工程圈闖出名氣。

必須承認，能拿下這張單子，主要因爲父親的庇蔭與運氣。但我是特別愛面子的人，拿到第一之後，就不能容許自己退步，於是加倍努力拚命工作，無論如何一定要維持住「業績第一」的地位，而我的付出也沒有落空，自此我的業績一路長紅。

創業的契機

就這樣做了三個月，愈做愈有信心，於是我大膽去找老闆討論：「老闆，你不用給我底薪，我改做抽成好不好？」抽成，意味著個人報酬與業績連動，我當然會更加認眞爭取業績，公司也不用負擔底薪，這對我或對公司來說都有好處，於是老闆就同意了。只是老闆並沒有想到，我竟然這麼會做生意。

我的業績好到什麼程度呢？拚了一年，按照分紅比例結算下來，公司得付給我一千多萬元的分紅。當時臺南一塊土地才兩百多萬，一千多萬元已經可以買好幾塊土地或起好幾間樓房了，這著實是一個大數字。我的老闆躊躇了，他實在捨不得如當初約定付給我上千萬元的分紅，表示自己頂多只願意拿出兩、三百萬元。

我也很乾脆，沒有再花力氣跟他拉鋸，豪邁地跟老闆說：「這樣好了，分紅就算了，當做是報答公司這一年來給我機會、對我的栽培。以後我就出來自己做，老闆你放心，我會自己開發新客戶，保證不會碰公司的客戶。」

辛苦拚了一年，沒辦法如數拿到分紅，不甘心是肯定的，換做是別人，可能會不惜跟老闆撕破臉或對簿公堂，也要爭回理當拿到的獎金，但我爸有教我：「做人毋通太巧，要留乎人後步。」（「做人不要太聰明，要給別人留餘地」）硬爭到底，最後只會雙輸，不管爭不爭得到，兩邊從此以後都有心結，倒不如瀟灑一點，大家好聚好散。而且，這不失爲一個創業的契機，我正好趁此機會出來自立門戶。我相信憑我的本事，一定可以再創高峰。

從這一刻開始，我正式踏上創業之路，那一年，我二十六歲。前方雖然充滿未知數，但我相信，愛拚才會贏！

桂田心法

1. 真正的膽識，是勇敢爭取，然後盡全力完成每一個承諾。
2. 在關鍵時刻給予幫助的人，都是我們的貴人。
3. 有時候，沒有順自己心意的、看似失敗的結果，或許是另一條新道路的指引。

一堂一千萬的課

一場跳票風波
讓我的事業回歸原點
卻也是未來成長的重要養分

我創業的原則之一，就是不要傷害到前東家，這是父親教導我的人情義理。

離開浪板公司之前，我跟老闆保證，我雖然要另起爐灶，但他現在的客人跟經營的區域，我都不會去碰。就算以前的客人自己來找我，我也會請客人直接去找我老東家，不會搶走他原本的客人。

但也因爲「裸辭」，我必須

自己從零開始、重新打拚，開發新的客戶。

從哪裡找客戶呢？我的做法是：從客戶必找的「關鍵人」入手，從而創造機會。我要賣的產品是浪板，那麼什麼人會需要浪板？答案是鋼構廠。他們拿到案子以後，就會需要找配合的浪板廠商。爲了要開發新客戶，我認眞做陌生拜訪，勤於接觸各家鋼構廠，請對方幫我介紹案子。

有些人可能會覺得陌生拜訪很尷尬，但我從小就不知「怕生」爲何物，而且，還有個特質——特別會交朋友，可以在極短的時間內跟人建立關係。我拜訪客戶，並不都只是在談專業或談產品，我還會關心對方的喜好與生活，讓對方萌生親近的感覺，做朋友之外，也談業務合作，我的產品又特別有價格競爭力，客戶當然很願意選擇我。

數年之後我跨足營造時，剛開始也是沒有太多客戶，也採取相同的客戶開發原則，先問自己：要如何開發業務？客戶在哪裡？什麼人會有找營造廠的需求？答案很清楚，就是結構技師、建築師、建管課等，要幫別人蓋房子的人。

於是，我先找到相關名錄，把我公司的資料寄給對方，再主動跟對方聯繫，有機會的話，則進一步做陌生拜訪。除了結構技師跟建築師，有些民眾要蓋房子時還會找地理師看風水。因此我剛進入營造業時，也會去拜訪地理師，爭取更多機會。加上我性格海派，很願意讓利，秉持「有錢大家賺」的理念，創造雙贏，人家自然會樂於找我。合作過後，就會形成口碑，之後就是客戶介紹客戶，源源不斷。

無論做什麼事業，在剛起頭沒有客源時，就是「惟勤而已」。我離開浪板公司自行創業後，確實信守諾言，從未去挖我前東家的客戶，一直到前東家公司收起來、退出經營以後，我才去接洽從前的客戶，這中間的其他客戶，都是我一個一個陌生拜訪開發的。正所謂「天道酬勤」，在我的努力下，我新創的小事業很快就累積了不少客戶，透過這些客戶的轉介，我又得到更多的機會，業績蒸蒸日上。

慘被跳票千萬

我要創業時，還跟我太太借了十萬元周轉，但我的新公司很快就開始獲利，生意好的時候，一個月就可以賺到一百五十萬元。外人看起來，我好像初創業就順風順水，但創業哪有完全順遂的呢？在經營浪板公司的過程中，我也曾經摔過很大一跤，而且，那可是一千多萬元的教訓。

建築產業中，浪板的上游是鋼骨結構，再更上游則是營造，也就是說，一筆工程款要經過層層分潤——營造廠先賺一手、鋼構廠再賺一手——剩下的才是浪板廠賺，而上游只要有任何一個環節出狀況，浪板廠就有被倒帳的風險。

我創業後的第一年，拿了一間鋼構廠的很多單子，它是我的上游廠商，我協助將廠房蓋好後，業主款項就交給鋼構廠，鋼構廠再開票給我。沒想到，後來鋼構廠經營不善，最後竟全部跳票，總金額高達一千多萬元。

我不是沒有想過要去找鋼構廠的老闆要錢，但是當我到了他家，他本人不在家，只有父母和小孩在。我環視四周，他家裡狀況很糟糕，環境髒亂之外，餐桌上只有稀飯和醬瓜，想來無論如何都生不出錢給我。我嘆了口氣，明白這筆錢大概是要不回來了，離開前，看他們一家老小這麼可憐，甚至還拿出我身上僅有的三千塊錢給他們吃飯。

我不想讓父母或妻子擔心，回到家後，隻字不提被跳票的事情，但我們是最親密的家人，他們多多少少能從我凝重的表情，猜到我心裡有事，只是他們都很了解我的個性，不敢過問太多。

行善不必等到有餘時

那年我大概二十七、八歲，這是我人生中第一次的大挫敗，說不氣餒是騙人的，一千萬元對一個年輕小夥子來說，絕對不是個小數字，我這麼辛苦工作，好不容易累積了一點身家，竟一夕間全部化爲烏有！等於是白忙一場，一切又回到原點，心中當然沮喪。

雖然如此，但我是個不認輸的人，哪裡跌倒，就要在哪裡站起來，無論如何，我都要東山再起。

接下來的日子，我以加倍努力的工作來渡過難關。因爲管理上比較費神，很多浪板廠商不喜歡接小型工程，但我當時只想要趕快賺錢，並不排斥接小案，正所謂「積少成多，聚沙成塔」，小案子累積起來也是可觀的業績，而且也可以爲自己的專案管理能力練兵。

這些小型專案的客戶，不少是來自社會底層，對我來說，也是見證人生百態。有一個案子讓我印象很深刻，我幫一個女客戶蓋了一間鐵皮屋，金額很小，還不到五十萬元。蓋好後，我去收尾款，但客戶出外工作，家裡只有失明的婆婆在家。跟老人家閒聊得知，這個客人實在很不容易，幾年前先生車禍過世後，她就獨力撫養三個小孩，爲了家計，她必須身兼三份工作。我聽了，不禁動了惻隱之心。

雖然那時候我自己也處於歸零重新出發的景況，但我公司各項工程專案都還在運轉，相信只要假以時日，那些錢還是賺得回來的，而眼前這個客戶的生活比我艱難百倍，若少了這筆尾款的負擔，應該會輕省很多。想了想，最後決定就不收那筆尾款了。

我覺得，人要爲善，不是在等到自己富足有餘時再做；就算

長禹鋼構是桂田集團的起點，
一步一腳印，
終有今日的桂田集團。

自己不足的時候，同樣也能做好事。這種助人救困的觀念，也是父祖輩給我的影響。

我家以前有一個家傳的治喉偏方，對於呼吸道不適頗有奇效。古早時，醫療不像現在這麼方便又便宜，很多街坊鄉親若有什麼喉嚨問題，就會來找我家詢問，我家一概都大方無償幫鄉親治療。就算我阿公當年這麼窮，爲了養孩子還欠人家錢時，他也從沒跟人收錢過。

長輩的作風，對我產生了很深遠的影響，他們教會我一件事：無論在何處境，都是可以幫助別人的。而且，我一直深信，只要心存善念，就算一時有困難，天公伯一定還是會看顧的。

而天公伯的確也沒忘記我，後來，我很幸運接到佳和實業翁川配董事長的案子，幫他做了很多小型工程，而這些小型工程的利潤也都有三成以上。

慢慢地，我又把失去的身家一點一滴累積了回來，我單月收入就多達幾百萬元，不但把家中剩餘的債務通通還清，也積攢了另一桶金，爲我的下一步做暖身。

人生中最貴的學費

從長遠的眼光來看，人生遭遇的逆境，有時是老天爲了要幫你上一堂珍貴的課，好教你之後能趨吉避凶。

之前被跳票一千萬元那一跤，雖然摔得很重，但對我而言也並非壞事，這讓我學到兩件事：第一，就是要愼選合作對象。鋼構廠的老闆作風粗率，缺乏成本概念，又接了過多案子，結果貪多嚼不爛，導致周轉不靈，而我因爲跟他合作，也慘遭連累。有了這個教訓，之後我在選擇合作對象時，都會特別謹慎，以免重蹈覆轍。

而我學到的第二件事則是：我若無法充分掌握上游，利潤被分走不說，還可能讓自己陷入被倒帳的風險，也因爲這層體會，我動了整合上游鋼構廠的念頭。

跳票風波後，我跟倒我一千多萬的鋼構廠老闆慢慢就斷了聯繫，而那筆帳，當然最後還是沒有給我。多年之後，有一次，我帶著我小孩去學校參加活動時，遠遠看到對方也帶了他的孫子去，他看起來有點落魄，我心中百感交集，拉著我太太刻意避開了。這筆錢是註定收不回來的，見了面只是徒增尷尬，又何必讓彼此都不自在呢？過去就讓它過去，保留一點體面給人家，我們只要繼續往前走就好。

雖說不必糾結於過去，但教訓是要謹記的。當年被跳票的那些票子，我到現在都還留著做爲紀念，用來告誡我的孩子：「這攏是爸爸當年繳的『補習費』。」

可不是嗎？這可是相當昂貴也相當珍貴的一堂課啊！告訴我選擇合作對象的重要性，人對了，事情才能對；人若不對，前面再怎麼努力，也可能化爲泡影。

而這一堂昂貴的課，也給了我開創新事業的動能。

不謀近利，長遠思考

在我起心動念想往上整合鋼構廠後，老天也馬上給了我機會。因爲我的業務能力在業界還滿出名的，有一家鋼構廠就想挖我去當總經理，但我告訴那間鋼構廠的老闆，我不想做總經理，但可以幫他承攬業務，再用分紅的方式抽佣金，對方也同意了。

對我來說，這是了解鋼構產業的最好機會，我花了幾個月的時間，下苦功把鋼構業的眉眉角角都摸清楚，不僅把厚厚一本的鋼骨手冊倒背如流，也會勤跑工地拿圖比對，看師父如何施作，很快又把業績做得風生水起，但是卻跟以前在浪板廠一樣，因爲我的業績實在太好，老闆又發不出分紅，所以我又另起爐灶自己出來創業。於是，我成立了「長禹鋼構」，這是我藉以起家的重要事業。

長禹鋼構的第一個員工是我太太，除了擔任會計幫我管帳之外，還包辦了小妹、打雜、總機等雜務；第二個員工則是我的中學同學高義明，從我們這個鐵三角開始，一步一步發展茁壯至今天的桂田集團，而這一切，都要感謝那一堂一千萬的課。

一堂課一千萬元，貴不貴？當然很貴，但對我來說，這也是最值得的一堂課。

桂田心法

1. 天道酬勤，無論做什麼事業，要成功「惟勤而已」。
2. 行善源於心態上的富足有餘，不一定要有錢的時候才能助人救困。
3. 人對了，事情就對了。

浪板、鋼構、營造一條龍

第一個營造案
是我與爸爸共事的美好回憶
也是向上整合產業的契機

在浪板廠當業務，分紅高到老闆發不出來，於是自立門戶；在鋼構廠當業務，誰知同樣的劇情再次上演，又是分紅高到老闆拿不出手。看來，我註定要自己出來開業闖蕩。

雖然在鋼構廠當業務的那段期間，我沒能拿到足額的獎金，但是前後我也已經賺到了上千萬元，這筆錢就是我啟動新事業——長禹鋼構的初步資金。

我看上了新市區中山路上的一塊土地，想買來蓋鋼構廠。當時我買那塊土地買價約是兩千多萬元，加上蓋廠房也還需要資金，勢必得跟銀行借錢。跟銀行貸款，自己先需要準備一千三百多萬元頭款，但我手頭只有一千萬左右，還有三百多萬的資金缺口。

也是老天保庇吧，在我的創業過程中，還眞的是每遇瓶頸就路逢貴人，我舅舅就是其中之一。

我舅舅是個讀書人，他是位國文老師，以前還在南一書局出了不少教科書，一直跟我們家十分親厚。以前我家經濟比較吃緊的時候，舅舅偶爾就會拿個三萬、五萬元給我母親，幫助我們度過難關。

當我創業資金不夠時，爸爸能想到的最大助力就是舅舅。做爲一個教師，這筆錢對舅舅來說也是筆大錢，但他仍願意慷慨解囊，大力資助我，

舅舅（左）既是親人，
也是我創業時的貴人，
這份厚重而深切的恩情，
讓我仍感念至今。

這份恩情，我感念至今。我後來事業有點小成後，每次家族出國旅遊，一定會邀請舅舅。對我來說，他不僅是血濃於水的至親，也是我創業途中的恩人。

在鋼構廠創業過程中，除了舅舅，我另一個貴人則是合作金庫。那一塊地的公告地價是四千萬元，合作金庫經過審慎評估以後，同意借給我四千萬。於是蓋完廠以後，我手頭還有二千萬周轉金。正所謂「錢是英雄膽」，有了這筆周轉金，我不但很快把跟舅舅借的錢還給他，也讓我的新事業快速運轉起來。

而這也是多年來，無論我的事業如何成長，對合作金庫始終不離不棄的原因。合作金庫在我事業剛起步的時候，認可我、給了我機會，做人要懂得飲水思源，不可忘本。

二十七歲年輕頭家

長禹鋼構成立時，我二十七歲，很多人看我這麼年輕，都不看好我。不僅如此，還有很多同業中傷我，批評說：「這呢少年就玩這麼大，黑白做！一定做未久啦。」還抹黑我，說跟我做生意恐怕會被倒帳。

起初聽到這些風聲，我心裡也很不舒服，但我轉念一想，當別人把你看作是眼中釘時，其實就代表你對他有可能是個「威脅」，所以人家才處心積慮想把你從競爭舞台上踢下去，如果我無足輕重，人家根本不必理會我。我若不是號人物，又怎會造成威脅？這樣一想，心裡就好受多了，辯解只是浪費唇舌，大家各憑本事，生意場上見眞章。

用實力說話

因爲剛創業，我都誠懇告訴合作廠商：「我剛創業，的確沒有很多錢，但信用是我的第二生命，就算是做乞丐，也絕對不會欠你錢，如果你不放心，我就自己壓縮一點，都給你現金。」因爲接續的合作順利，後來上游都對我有信心，合作半年後，他們都可以讓我開兩、三個月的票。

但也因爲我實在太年輕，剛開始爭取客戶時，難免會被質疑「嘴上無毛，辦事不牢」，爲了避免這種困擾，我只好在年齡上虛報灌水。

曾有個大客戶問我：「你很年輕，今年幾歲啊？有幾年經驗啊？」

因爲那個案子金額頗高，我非常希望能夠爭取到手，雖然我非常有把握可以勝任，但那時我才二十七歲，入行兩年而已，爲了避免客戶覺得我是小孩玩大車，因而降低對我的信任感，我便在年紀上虛報了幾歲，說：「我已經三十八歲了，十幾歲就跟著我爸爸學，做到現在。」

幸好客戶沒有進一步要看更多工程實績，不然可就尷尬了，我當時才起步沒多久，實在沒有太多豐功偉業可誇口。但光是在年齡上虛加幾歲，還不足以讓客戶把案子交給我，我必須提供更大的誘因。我告訴客戶：「你毋免煩惱；若是你擱會驚，我可以不跟你收訂金，不過等蓋好以後，你必須付現金給我。」

一般案子都是跟業主收三成訂金，而且之後是做到一定程度，客戶就要再按照完工進度付錢。我反其道而行，不但不收訂金，而且還豪氣承諾全部做完再付款。對業主來說，我的做法的確大大降低了他們的風險，客戶當然動心。

後來我用實力讓這個客人信服，工程不但快，而且好，我跟這個客戶也因爲這次合作變成好朋友。

說來也有趣，多年後我跨足飯店，聲名大噪，媒體來採訪我，並冠以「最年輕的飯店老闆」稱號，我這個客戶看了報導，不禁有些納悶，見面時忍不住問我：「朱董，你到底幾歲啊？很多年前你不是跟我說你三十八歲，新聞怎麼說你才三十二歲？」我這才跟客戶坦白當年虛報年齡的原委，他聞言大笑，這才知道，原來當年我只是個二十幾歲的毛頭小夥子。

拚命三郎，全身心投入工作

創業維艱，當年初入鋼構產業，眞的非常辛苦，因爲沒有人脈，爲了爭取客戶，我只能跟人家拚「價格」跟「速度」，在相同品質下，如果我能比同業便宜，而且更快完工，我就能搶占一席之地。

但爲了要維持健康的現金流，就得積極拚工程，我接了很多小型案子，每個月要趕七、八場，蓋得快，才能快速從客戶那裡收回現金，於是我幾乎所有清醒的時間都全部投入工作，白天做工地主任，還在車上放了一套西裝，分身兼做業務，晚上也沒閒著，經常熬夜算圖，隔天才好跟客人估價，工作到半夜三、四點是家常便飯。

我媽媽半夜起床如廁，如果看到我還在工作，就會心疼不已地催促我去睡覺：「你不卡早休睏？毋免賺這多錢啦，身體健康卡重要！」爲了不讓媽媽擔心，每次半夜聽到腳步聲，我就趕緊熄燈，讓媽媽以爲我已經就寢，等媽媽回房後，才又開燈，繼續挑燈夜戰。

這段時間，我眞的是拚命三郎，日子過得極其忙碌，雖然勞累，但也覺得內心充實滿足，因爲，家人就是支持我繼續打拚的最大力量。我太太是我第一個員工，也是公司最重要的財務，還身兼總務、總機和小妹；我媽媽則在大後方支援我的家庭，讓我沒有後顧之憂，可以全力向前衝刺。

而我爸爸，更是一路走來都陪在我身邊，我們既是父子，也是戰友，上陣父子兵，兩人一條心。因爲長時間的相伴，在所有家庭成員中，我跟爸爸的感情特別濃厚。

有人說我很孝順，到哪裡都帶著爸爸，「孝順」的確是我帶著爸爸的理由之一，但另一方面，我自己也很依賴爸爸給我的情感支持，在工作中，有一個自己可以完全信任的人，就好像吃了定心丸，讓我格外有安全感。

邊做邊學的官田小工程

因爲幾乎是用生命在拚事業，我僅僅花了兩年時間，無論是浪板或是鋼構，都做到了臺南第一。後來，我更動了想繼續往上垂直整合營造的念頭，鞭策自己做到「浪板、鋼構、營造一條龍」。

我最早開始實際接觸營造工作，是我還在做烤漆浪板的時候。當時因爲因緣際會，接了一個在官田的小工程。這是一間民宅倉庫的委託案，規模很小，才一百多萬。雖然我當時對營造並不是很熟，但因爲這案子很單純，而且我也想接觸營造領域，於是欣然接下了這個案子。

平房小倉庫的地基比較簡單，就算找不到怪手，靠人工挖也是可以的。那時我對營造還相當陌生，也沒有足夠的人脈，接下案子以後，一時找不到粗工來挖地基，於是我跟爸爸就決定跳下來自己挖。那段日子，我買齊了工具，晚上跟爸爸兩人就抄著圓鍬跟十字鎬，到工地去挖地基，後來就連模板放樣、鋼筋綁紮等工作，也都是我們父子親自上陣。

因爲是第一次做營造工程，中間還發生一段小插曲。我委外的那間鋼構廠有點「兩光」（漫不經心），做出來的結構竟然是歪的。

業主來看，當然很生氣，但是我也保證一定會做到好，而後來也眞的如同承諾，把鋼構調整到符合標準。泥作的部分，一開始也找不到工人，但我果斷加錢，週末請工人來做；至於水電的部分，則是找我當兵時認識的朋友來做，最後順利完成了這個案子。

業主不但滿意，對我的認眞負責更是激賞，跟我變成好朋

爸爸是我打拚事業時的戰友，
媽媽則是我們家最堅強的大後方，
他們是我人生中最重要的支持。

友，我大兒子出生時，這位老闆還盛情打了很有分量的金飾做爲祝福。

官田這個案子雖然規模極小，但對我別具意義。

那段時間，我整天都跟爸爸綁在一起工作，父子都是邊做邊學，共同摸索著還不是很熟悉的專業。而不管是挖地基也好、綁鋼筋也好，都是很粗重的體力活，我當時年輕力壯，爸爸也還不老，有體力能勝任這些粗活，父子倆就這樣同心協力，合力完成了我人生中的第一個營造案。

雖然只是一個小工程，但對我來說，卻特別難忘。多年過去，一閉上眼睛，那些與爸爸一起工作的細節還是歷歷在目。

我後來事業做大以後，經手許多上百億的大工程，這些大工程反而不像那個一百萬的小案子，能讓我印象如此深刻。不只是因爲它是我生涯中接下的第一個營造案，更因爲這個案子，有很多我跟爸爸親密共事的美好回憶，讓我終身難忘。

踏出舒適圈，進軍營造

因爲做了官田的那個案子，我才發現原來營造的利潤竟然有三成這麼高，這讓我在心中種下了一顆種子：將來一定要往上垂直整合營造。等到我在浪板、鋼構業都做到臺南第一名以後，我決定踏出舒適圈，進軍營造事業，成立了「福胤營造」。

爲了補強營造的專業，我晚上特別去報了相關課程。一方面，浪板、鋼構本來就都與營造息息相關，我對營造專業並不是一張白紙，加上我對營建相關專業似乎頗有天賦，可以說是舉一反三，才上了十堂課，就能夠融會貫通，大致掌握了營造的基礎知識。

光靠理論也不夠，必須透過實務印證。起初，先接一些小型案子，慢慢做出信心與口碑以後，就開始接一些中型的案子，成立福胤營造以後，透過統包，我實現了營造、鋼構、浪板一條龍整合的願望。

要做，就要做到最好！爲了讓我的營造事業跟其他業者有所區隔，我很肯下重本，使用最新技術。舉例來說，現在蓋房子使用3D模擬技術，算是個標準作業流程，但是在二十幾年前，這可是不折不扣的先驅。當時業界多半都只給客戶看平面圖，很多客戶根本看不懂，或是卽使看了，也難以想像房子蓋好後會長什麼樣子，我特別聘請了建築師，用3D繪圖幫助客戶了解房子蓋好後的模樣。我覺得要做就要做最好的，這筆成本絕對不省。

因爲用心，贏得了許多客戶的信賴，加上能做到一條龍整合，我的營造事業很快就開始蒸蒸日上，公司獲利也很好。但是，此時規模仍然很小，還是難以爭取到一些大型工程專案。於是，我下了一個決心，接下來的兩年，我不會把「賺錢」當作事業的重心，而是要累積指標性的工程實績，用以昭告天下，我朱仁宗不是只會蓋一般房子，我的實力絕對可以勝任最困難的營造任務。

桂田心法

1. 擁有在大後方全力支援的家庭，才是事業打拚最重要的資產。
2. 在實力足夠的時候踏出舒適圈，會發現自己更大的潛能與可能性。
3. 不要只顧著節省成本，為了長遠發展，要做，就要做到最好。

先蹲後跳，一戰成名

為了將來更上層樓
我必須犧牲短期利益
完成指標性的工程來證明實力

營造做了幾年，雖然公司獲利穩定，案源也豐富，一切好像都順風順水，但我覺得如果只是守在這片小池塘裡，成就還是有限。但是，像我這樣的小公司，如果要在營造業嶄露頭角，就必須有「拿得出手」的實績，才能證明我有接大型工程的條件。

如果我希望未來更上層樓，就必須把眼光放長遠，犧牲短期利益，去接有里程碑意義的指標性工程，來證明自己的實力。

經過長考，我告訴太太，我想去接一些高難度的案子，而這些案子可能極爲消耗時間和資源，勢必擠壓到其他案子，因此，未來我們公司業績一定會大幅縮水，恐怕要有兩年都沒辦法賺錢的心理準備。我太太對我的決定無條件全力支持，我也就無後顧之憂地放手一搏了。

爲了證明實力，我接了兩個同業避之唯恐不及的高難度工程，一個是現在位於臺南市的國立臺灣文學館的古蹟修復鋼構工程，另一個則是鶯歌車站工程。

因爲這兩個案子的難度和複雜性很高，既耗時又費工，實在是無利可圖，所以大多數同業都不想接這種案子。但我卻從另一個角度來看，如果能順利完成這些艱難任務，就是一張可以證明自己實力的漂亮成績單。

這兩個案子是大型營造廠轉包給長禹的，在名義上，我只能算是小包，但業界都知道，實際上的鋼構工程執行者就是長禹。

雖然我承攬前就有心理準備，知道這兩個案子肯定是吃力不討好，但實際上開工以後，竟然比我預期的還要困難，過程中可謂是受盡折騰。

「抹粉點胭脂」的水磨功夫

古蹟修復工程跟蓋新建物截然不同，後者是大刀闊斧的高速工程，前者則是精緻細膩的水磨功夫，施作難度極大，修繕細節更是多如牛毛。

現在大家看到的臺灣文學館，其實是有百年歷史的古蹟，前身是日治時期臺南州廳，戰後曾爲空軍供應司令部、臺南市政府所用，本身是很美的西洋式建築，但因爲經歷過戰爭以及不同單位使用，很多地方都年久失修或有毀損。而我們的工作，就是在補強結構體。

講起來好像很簡單，但實際執行時卻挑戰重重。如果是單純蓋新建物，只要按圖施工就好，但是這些古蹟的歷史都上百年了，完全沒有結構圖可以參考也就罷了，更困難的是古蹟的「脆弱性」，一面看上去好像還堪用的牆，可能內部結構已經受損嚴重，加上牆體裡面又沒有鋼筋，一旦動工，就可能因爲不堪震動而傾斜，甚至倒塌，所以必須要先小心翼翼做好磚牆鋼板補強、裂縫補強，以免一施作就崩塌了，每一個施工步驟都必須戰戰兢兢、如履薄冰。

因爲古蹟實在太「嬌貴」了，根本不能使用大型機具，所有的敲除工作、結構與柱梁板的補強、植筋等工程，都必須盡量以手工具配合人工進行。用臺語來說，就是「抹粉點胭脂」的細功夫，非常費時費工。

而且，跟公家機關打交道，「婆婆媽媽」特別多——每一項小細節都要送審，公文流程往返也非常繁複，哪怕是報告上的文字有任何一點出入，也會被重新稽核。在正常新建物一小時就可以做完的工作，往往要折騰一天、甚至好幾天才能完成，非常消耗心力。我深刻體會到為什麼業界都不想接這種案子，實在是吃力不討好。

這個工程不但過程中受盡磨難，而且最後果然也如我所料賠錢了。雖然表面上看起來我好像虧大了，但是我告訴自己，這筆買賣一點也不虧，如果我連如此困難的工程都做得到，未來任何疑難雜症都難不倒我，這個案子不但是我的「工程補習班」，更會成為我的代表作，即使歷經磨難，又有什麼關係？只要想辦法一一攻克，從中學到的，就會成為我的本事。

除了臺灣文學館的古蹟修復鋼構工程，鶯歌車站的工程則是另一個「就算不賺錢也要接」的指標性工程。

披星戴月與時間賽跑

鶯歌車站這個工程案也非常折騰人，主要的痛點在於：鶯歌車站是一個仍在運作的站點，晚上最後一班車是深夜十二點，而次日清晨五點，火車就要進站，這意味著我們只能搶時間在凌晨一點到四點施工，不僅時間壓力非常大，又因為作業的時間是深夜，找工人格外困難。

鶯歌車站需要的鋼構有五十米長，必須租用大型吊車才能施工，光一天的吊車租金就要十五萬元。一般在白天進行的工程，可以用吊車連續工作八小時，盡快把工程進度完成，但是鶯歌車站必須等到最後一班車離開，凌晨一點後，我們才能施工。

大型吊車進場準備也要時間，好不容易就緒，就只剩下兩個多小時的施工時間，到四點就必須停工，以便五點讓火車進站搭載乘客。這中間如果遇到下雨，原本的施工計畫還得喊停；更慘的是，有時雨並不是下一晚就停了，而是陰雨綿綿不斷，整整下了一星期還沒完沒了，眞的是把我的心都下涼了，等於投下去的時間跟金錢成本，全都打水漂。

鶯歌車站這個案子，無論對體力或心力，都是極大的考驗。白天我在臺南上班到傍晚六點多，回家匆匆洗個澡，就跟幾個幹部搭八點的尊龍客運北上，抵達鶯歌時間約是深夜十一、二點，到當地吃一碗「勇伯垃圾麵」果腹，之後就開始馬不停蹄開會、工作。收工後，再搭車返回臺南，八點準時

鶯歌車站是具指標意義又知名的大型工程之一，
我們在完成任務的過程雖然充滿挑戰，
卻也讓桂田在業界闖出名聲。

上班。有整整一年時間，我都是在車上睡覺，眞的是用生命來拚事業。

鶯歌車站這個案子幾乎也沒有獲利，但因爲這個工程是很有知名度的大型工程，極具指標意義。在完成臺灣文學館、鶯歌車站這兩個艱鉅任務以後，我果然在業界闖出名聲，後續就開始有很多機會承接大型工程，證明我這個「先蹲後跳」的策略是對的。

剽悍的一役

我在業界堪稱是「一戰成名」的一役，當屬車燈大廠龍鋒的工程。

我二十八歲左右接到這個工程，這是個近萬坪的大型專案，若這個案子能夠完美達標，我在業界就站穩了腳跟。

想要爭取這個工程的同業非常多，爲什麼是我雀屏中選呢？因爲我比別人更有膽識。一般而言，像這樣的案子，正常工期大概要做八、九個月，龍鋒的董事長林玉柱更是希望能在四個月之內就完工。爲了爭取客戶，我必須超越客戶期待，我豪氣告訴對方：「我只要兩個月就可以完工。」

林玉柱董事長很驚訝，說：「很多大廠都說要八個月，你這個少年仔怎麼能保證兩個月做得完？」

我篤定告訴對方：「我不收訂金，您可以等完工後再付我錢就好，我唯一的條件是：做好後，您必須付給我現金。」

基本上，我創業的前十年，都沒有跟客人收訂金，業界膽敢這樣做的廠商眞的沒幾個，也因此，長禹鋼構的競爭力很強。當時業界還有一種說法：

「只要朱董進去（爭取），我們就拿不到了啦。」

我敢誇下海口，一來是掂量自己身上還有二、三千萬元現金可以周轉；二來則是對自己的執行力還頗有信心。材料的票期約是兩個月，只要我能夠在短時間內完工，就不會影響到我的現金流。

但我要如何在兩個月內，做完八個月的工程呢？

領導統御的軟實力

我採取的是「化整為零」的策略——把基地切割成A、B、C、D四部分，安排了四組工班分頭進行，從放樣整地、開挖、基地整合……，都是四個單位同步進行，每天都動員一、二十台怪手動工，別人開挖基地要做二十幾天，我只花了三天就挖好。而且在開挖基地同時，我的鋼骨結構就已經在工廠裡趕工製作了，只待一切就緒就可以安裝。

把土壤壓實、基礎整頓好以後，後續的鋼骨結構安裝與泥作，也是採取A、B、C、D四個單元同步進行的方式，這部分除了考驗專案管理與穩健執行的能力，也考驗調度人手的實力。當年，我可是從臺南到屏東，一共調度了一百多個泥作師傅來協同進行，人員進來後，我就指揮若定，按部就班進行。

我常告訴公司同仁：「沒有不會打仗的兵，只有不會指揮的將軍。」要協調這麼多組人同時施工，指揮能力是很重要的，而我的專案管理能力，可是多年來身經百戰練就的。而且，當時的我不像後來公司擴大了以後，有這麼多案子同時進行，所以我可以專心致力於龍鋒這個案子，從頭到尾都緊盯進度、照表操課。後來，我僅花二十五天就完成基地整頓，鋼構安裝又再花二十五天。等到彩色鋼板蓋起來後，一口氣灌漿完畢，之後地坪、粉光也是在一天之內完成。

創紀錄的代表作

整個工程的進行猶如行雲流水、一氣呵成，最後，我成功兌現了我對客戶的承諾：兩個月內，如期完工。

這中間，林玉柱董事長十分好奇我打算怎麼樣在兩個月完工，也常來現場看我們施工。灌漿那一天，他非常驚訝：「朱董，這樣可以嗎？你真的要一天灌完哦？」

「對，我就是打算一天灌完。」我篤定地回答，而我也眞的做到了，且施工品質沒有瑕疵。

林玉柱董事長非常欣賞我的執行力，後來他告訴我，隔天龍鋒朝會時，他對公司同仁講話時還特別提到我：「人家工程要做八個月，長禹的少年頭家卻只要兩個月。如果我們公司的幹部，都可以像他這樣，公司一定可以賺大錢。」

因爲這個工程，林玉柱董事長後來也跟我變成好朋友，公司有其他工程需求也願意發包給我做。而龍鋒這一役，更讓我一戰成名，成爲我生涯的重要代表作，僅兩個月就完成這種規格工程的紀錄，至今仍無人能破。

或許有人會納悶，既然「化整爲零」能夠快速縮短工期，那其他同業只要效法我，不就好了嗎？雖然說「功夫說破不值錢」，但是落實在執行上時，非常考驗現場的指揮調度能力與專案管理能力，並不是只要把專案切割成數組同時做就好。

營造版圖完整

在龍鋒一役後，我也積極布局我的營造版圖，除了二〇〇〇年成立福胤營造，二〇〇二年更進一步併購了三民營造。

國內的營造廠按照其資本額跟承攬工程竣工累計額，可分為甲、乙、丙三級，丙級是最初階的，甲級則是最高階的，等級夠高，才有資格能夠承攬更高金額的業務。

乙級的營造廠僅能承攬九千萬元以下的工程，建物高度跟地下室開挖深度等工程規模也有所限制。但如果是甲級營造牌可就不同了，可以承攬造價達資本額十倍的大型工程，而且規模也不受限制。

我在二〇〇〇年成立的福胤營造，本來是丙級牌，業績成長後，變成乙級牌。但是，從乙級牌要升到甲級牌需要許多年的時間，並不是業績好或資本額夠就可以，不但要有乙級營造廠三年以上業績，還需通過多年評鑑並被評為一級。一般來說，若從丙級開始慢慢爬到甲級，有可能要十年之久。

我的工程業績雖好，很快就達到竣工累計額的目標，但因為等級不夠，若想承攬高造價工程，就只能跟別人「借牌」，這就是我為何要併購三民營造的原因，它雖是乙級，但已經相當接近甲級，不用再耗費多年光陰，才能取得甲級牌。後來，這兩家營造廠都被我順利「升級」到甲級牌，成為桂田集團的業績頂梁柱。

在營造、鋼構還沒整合前，我一個月淨利大概只有一百多萬，等到成立福胤營造、併購三民營造，把鋼構、營造整合完成後，免去了層層分利，一個月營收就大幅成長至近一億，一年可以賺二、三億元。而那時候，我還不到三十歲，正是年富力強的時候，我還想要讓事業更上層樓。

而下一個等待我去開發的新事業，就連我自己也沒有想過。

不是建材，不是營造，而是服務業。

桂田心法

1. 即使歷經磨難，又有什麼關係？只要想辦法從中學習，就會成為自己的本事。
2. 有時候，犧牲短期利益換來的是長程的進步。
3. 讓事業與人生飛躍高升，要素往往是展現魄力。

夢

膽識・霸氣・眼光・人和

PART 3
從公司到集團

五星級學生宿舍

在接踵而來的全球金融衝擊中
敢於逆向而行、當機立斷
反而奠定公司未來發展的基礎

一九九七年，發生亞洲金融風暴，對各行各業造成巨大衝擊，房地產行業更是首當其衝，現金流不健康、體質比較弱的建商應聲倒地，直接被洗牌出局，在那一波危機的衝擊下，不知道倒了多少小型建商。

這口氣還沒緩過來，結果二〇〇〇年又發生網路泡沫，衝擊全球經濟。臺灣當然也無法置身事外，各行各業裁員的裁員，減薪的減薪。荷包一縮水，自然沒人買房子，建商低價去消化餘屋都來不及，怎麼還會蓋新的？房地產市場當然更加疲軟。

房地產景氣低迷，營造業自然也苦哈哈。鋼筋價格就是我們這一行景況的參考指標，二〇〇一年時，鋼筋一路崩跌，一公噸鋼筋價格跌到只剩七千元，等於一公斤才七元。房地產業景氣有多差，可見一斑。

雖然我公司的現金流還算挺健康的，沒有資金短缺之虞，可是我開了公司就得養人，光是員工的薪水，每個月就要發出去二百多萬元，而且要維持公司營運，每天一睜眼就會產生各種開支，眼看案子稀缺，我得想別的辦法創造營收來度小月。

當時，在校外的學生租屋市場供不應求，剛好我在長榮大學附近買了一塊地，一坪僅二萬多元。蓋房子我可是專家，但要蓋什麼樣的宿舍才有競爭力？觀察附近的出租宿舍，大多是一般平房改建，甚至有一些出租房間還是「冬冷夏熱」的鐵皮屋，在實地調查市場租金的水準後，我決定要蓋一棟與眾不同的「五星級學生宿舍」。

於是，二〇〇二年，五星級學生宿舍「長榮時尚」正式落成。有別於傳統學生宿舍的陽春克難，「長榮時尚」一進門就是飯店式大廳，不但房間美觀又舒適，裡面的設施也很齊全，有健身房、撞球檯、乒乓球桌，還有一個「麻雀雖小，五臟俱全」的迷你福利社，八樓甚至還規劃了空中花園。

我志得意滿地想，如果我是學生家長或學生本人，一定會非常喜歡這樣的學生宿舍，相信房間很快就能招租一空。

但是，一開始招租並不順利。我跟我太太去看顧了整整一週，卻門可羅雀、乏人問津，竟然連一個租客都沒招到。

我對我的產品很有信心，「長榮時尚」距離長榮大學和嘉南藥專這兩所當地的主要學校都只有兩公里，附近又有火車站，交通非常便利，宿舍硬體的品質更是不在話下，既然產品沒有問題，那麼問題到底出在哪裡呢？

化被動爲主動，一日滿租！

我到校園裡去散步，逛了幾遭，很快就想通了這個答案，那就是：目標客群根本不知道我們的存在。

如果我繼續採行這種守株待兔的被動策略，恐怕只是浪費時間。我必須立刻改變策略，主動出擊。

現在的商家很習慣利用網路來宣傳，但二〇〇二年時，網路宣傳並不像現在這樣發達，我們也不是很熟悉該怎麼運用這樣的新媒體，那麼，我要如何讓宿舍的目標族群——學生，知道有這麼好的宿舍招租呢？在什麼時間點，我才能接觸到大量有住宿需求的學生呢？

答案是「返校日」。

我先確認清楚兩所學校學生的返校日日期，接著，印了大量傳單，等到返校日當日，動員了親友與員工到學校發傳單，光是一天，我就發了二千多張。不過，可能是動作太大了，一度還引來校方關切，規勸我們不要進入校園，只能在門口發。

傳單戰術果然奏效，很多學生或家長都很感興趣，而我也早有準備，事先安排好三輛九人座的小巴在校門口待命，把一撥撥有意承租的客戶直接接駁到宿舍參觀；在宿舍那一頭，也早已調度了多位同仁在那裡等候，爲客戶解說並協助簽約。

長榮時尚一共有一百多間宿舍，僅僅一天時間，就全部滿租了。

租金收入活化現金流

「長榮時尚」順利滿租後，我算是鬆了一口氣。一個宿舍房間的月租金是五千元，因爲學生有假期，一年實收十一個月份租金，加上宿舍的頂樓還租給電信公司架設基地台，每個月電信公司還會支付一筆額外的租金收入。平均算起來，「長榮時尚」每個月大概能創造一百多萬元的營收，如此一來，營造公司所需的基本開銷就有著落了。

宿舍租出去雖然能帶來穩定的現金收益，但是，也迎來另一波挑戰。學

一步步的累積，
讓我得以在危機中入市，
獲得未來成長的重要基礎。

生宿舍的管理可以說是極其瑣碎，起初我沒有請人管理，是自己跳下來兼做宿舍管理人員，於是每天都要面對各式各樣雞毛蒜皮的疑難雜症。水管不通、電燈不亮……，跟宿舍硬體有關的問題需要協助排除也就罷了，但就連學生半夜製造噪音、男女朋友激烈吵架等突發狀況，都要宿管出面調解，我白天還有各種公務要忙，哪能沒日沒夜奉陪這些花樣少男少女？後來，我乾脆委請專人代為管理，才省了這些麻煩。

洞察少子化趨勢，決定出售

這一棟五星級學生宿舍的住宿率一直很好，但是在經營了五年後，我卻決定把年年滿租的長榮時尚出售。

我一放出消息說要賣，就有很多人不解地前來詢問：「朱董，你這宿舍不是滿租嗎？爲何要賣？難道沒賺錢嗎？」

「有啊，有賺錢啊，我本錢都回收了，現在都是淨賺。」

「那你爲什麼不留著繼續收租賺錢呢？」

一般人肯定十分不解，明明經營得順風順水，爲何還要把賺錢的產品賣掉呢？

說實話，我有我的考量，其中，最大的顧慮就是不可逆的「少子化」趨勢。我的想法是，雖然眼前招租狀況很好，但長遠來看，未來恐怕無法繼續維持這樣的榮景，既然如此，倒不如見好就收，賣給其他有心經營或轉作其他用途的人。

於是，二〇〇七年，我以近一億元的價格賣掉了長榮時尚。當初我花了四千多萬元來蓋長榮時尚，連同土地的成本，成本大約是五千多萬元，出售後不但完全回本，還賺了不少錢。

危機即是良機

我不只因爲出售長榮時尚賺到不少錢，次年，更因鋼筋價差而賺到不少利差。

二〇〇七年時，一公斤鋼筋的價格漲到三十幾塊，我每天都緊盯國際盤、關注鐵礦砂價格，覺得這價格實在太不合理。我懷疑的理由是：從國外把鐵礦砂做成鋼胚，再運來臺灣做成鋼筋，算起來成本大約是十幾塊，按理說，加上利潤以後，一公斤鋼筋的合理價格應該是十幾塊，但眼前鋼筋價格卻高達三十幾塊，我總覺得這很難說是不是有一些人爲操作的問題。

那時候，我就決定先不預購、囤貨。我相信「物極必反」的原理，決定放手一搏。因爲鋼筋一直節節上漲，員工們都很擔心，怕若不早點訂購，價格還會繼續往上飆，墊高我們的成本，經常憂心忡忡地來提醒我：「董仔，鋼筋一直起、一直起，你要不要先把鋼筋買好？」業界很多工程通常會在進行時，就先把後面需要用到的建材都發包買好，但我卻反其道下達了一個指令，要求員工：「所有混凝土、鋼筋都不可以發包先買，我們做到哪裡、買到哪裡就好！」

到了二〇〇八年，鋼筋價格反轉了，從一公斤三十幾塊一路暴跌到十二塊。因爲我之前都按兵不動，沒有先買，也就是說，我現在可以用很低的價格買到鋼筋，標下工程時，我們是按照當時鋼筋價格估價給客人的，於是，我在材料上就賺到了相當大的利差，營建工程部分我就多賺了二、三億，加上賣宿舍的錢，那一年我賺了快四億元，手頭現金滿滿。

二〇〇八年也發生了席捲全球的金融海嘯，而且這次的危機比一九九七年那一次波及範圍更大、程度也更嚴重，各行各業哀鴻遍野，很多投資客爲了斷尾求生，紛紛把土地、房地產拿出來低價拋售。

金融海嘯對別人來說是滅頂的危機，但對我來說卻是一個可遇不可求的良機。我不但在這波危機中全身而退，還有充足的資金可以危機入市，收購便宜拋售的土地。舉例來說，臺南北區的鄭子寮土地現在一坪價值八十萬元，但我買的時候一坪才十三萬元。現在桂田擎天樹、桂田古根漢以及善化磐古的所在地，都是當年收購的土地。這些土地如果等到現在才來買，價格可是翻了六倍不止，但我很幸運，能夠在那時候逢低買進，爲公司後來的茁壯成長奠下深厚基礎。

天助自助者

有記者看到我這幾波反向操作，好奇地問我：「朱董，你這是巴菲特的哲學：『在別人恐懼時我貪婪，在別人貪婪時我恐懼』嗎？」

其實，我並沒有特別奉行哪位大師的經營哲學，這些都是在行業裡打滾多年，長期累積出來的市場判斷。面對事業，我向來兢兢業業、全力以赴，付出十二萬分的努力，自認也有相當敏銳的市場嗅覺與趨勢預測能力，更重要的是，能在瞬息萬變的大環境中，快速做出反應。

但是，我也絕對不會把我的成就，都只歸因於我個人的認眞或才幹。

在我的人生中，似乎總有某種力量在冥冥之中保護我，讓我得道多助、逢凶化吉，就像當年在麻善大橋發生嚴重車禍，被巨大衝擊力狂甩出車體墜地時，我卻好像被什麼托住似的，最後毫髮無傷。

我並非迷信的人，但對這份難以言喻的力量，始終存著敬畏與感恩。我的人生態度始終依循著「天助自助」、「敬天法祖」而行——對於「天」，我心存謙卑，深信「人在做，天在看」；對於「祖」，我則非常看重父母身教、珍惜家族傳承。而這樣的態度，也正是我想傳達給後代子孫的理念。

桂田心法

1. 面對太久的停滯，與其守株待兔不如主動出擊。
2. 市場有「物極必反」的原理，懂反向操作就能化危機為轉機。
3. 對「天」心存敬意與謙卑；對「祖」懂得感念與傳承。

最大的試煉

在人情冷暖與商場現實中
抱最大的希望，做最壞的打算
是我最真切的領悟

決定要創業時，我從來沒想過，這輩子竟然會進入「飯店」這個行業。

但經過幾番因緣際會，我還眞的開了一間飯店，成爲「桂田酒店」的主人。

二〇〇二年，我蓋了五星級學生宿舍「長榮時尚」，因爲經營得不錯，我本來計劃在南臺科大或是其他地區再找一塊地來蓋學生宿舍區，複製長榮時尚的成功經驗，早上我才去看地，下午就有人來問我，對永康區的一塊土地有沒有興趣？

說來奇妙，早在三年前，就有人找我去看過這塊地，但當時我沒有買，結果經過了三年，又有人來介紹同一塊地，彷彿這三年間有人幫你守著這塊地，等待著我這個眞正的有緣人。

買這塊地的原始計畫是想蓋學生宿舍，但圖面都規劃好了、地基也開挖了，我卻突然改變了主意。

我心想，不管是蓋宿舍還是蓋飯店，硬體的建築成本其實差距不大，但收益方式卻大相逕庭。若是蓋學生宿舍，每間房間一個月只能收五千塊租金，但如果是蓋飯店，一個房間每晚就可收費三、四千塊，比學生宿舍的投資報酬率高多了。

學生宿舍的管理非常瑣碎，加上當時很多業者也想分一杯羹，紛紛跳進來做學生宿舍，競爭者眾。眼光放大，當時南科正在崛起，我何苦非得做宿舍不可？乾脆改開飯店不是更好嗎？

買土地的智慧

對於收購土地這件事，我有一套自己的理念。大原則肯定是希望能用較低價格取得心儀的土地，但有時候就算土地價格非常不合行情，只要那塊地對我來說有價值，我還是會當機立斷買下。

現今臺南桂田酒店的所在地，是我經過多次收購，一塊一塊買下來的，前後買了八千多坪土地，基地逐漸變得愈來愈完整。後來，我聽說南良集團蕭董事長的堂兄名下有一塊九百多坪的土地想出售，這塊土地就在我飯店的基地附近。不過，他的開價遠遠超過行情；當時附近土地的行情約莫是一坪四、五萬元，蕭董的開價則是十一萬元，是行情價的兩倍有餘了。

但我打定主意，一定要把這塊土地買到手。跟蕭董約見面的那天，我就告訴我太太，今天晚上我們準備好支票、帶上印章，給蕭董五千萬元訂金，務必把這塊地拿下來。

大家買賣土地，一定都會討價還價，蕭董看我竟然完全不還價，打算直接買下，跟仲介面面相覷，兩人都露出「你這少年仔是起肖逆？」的訝異神情。蕭董難以置信地跟我再三確認：「行情四萬多，我黑白開，你竟然就黑白給我？」

是的，爲免夜長夢多，我完全沒有議價，直接用不合行情的一坪十一萬元價格買了這九百坪土地。但我絕不是「起肖」「黑白給」的，我是經過縝密的考量，才做出這個決定。

爲什麼我對這塊土地這麼在意？那是因爲這塊土地附近的土地，都已經是我的了，只要有了蕭董這塊地，我的基地就更完整、更漂亮了。既然蕭董想出售，我求之不得，就算價格不合行情又怎樣？趕緊把這塊地拿下才是上策。

我之前取得土地的成本平均約是四萬元一坪，雖然蕭董這塊地比行情高出許多，但若把我一整大塊的土地成本一起均攤下來，每坪的成本也不過多五千元而已，而我的土地，就可以連成一塊更加完整無缺的大面積土地，不僅是利用起來更大器，從土地增值的角度來看，將來也會變得更有價值，所以我無論如何都要買到這塊地。

事後證明，我的當機立斷是對的。現在桂田酒店二館前面的用地，就是蕭董原本的那塊地，若是當初沒買成，那麼桂田二館的面寬就只剩下三十幾米，但如今則有八十幾米。面寬三十幾米與八十幾米所呈現出來的氣場差異，可以說是天壤之別。

申請貸款被拒

不過，有了基地、蓋好飯店之後，我卻遇上了迄今為止，我事業中最艱難的考驗。

在決定踏入飯店業以前，雖然事業也曾有幾番波折，甚至在我二十幾歲時，就被倒帳一千多萬元，但那些挫折都沒有嚇倒我過，直到為了申請飯店的聯貸，我才嘗到所謂「寢食難安」的滋味。

我過去不管做任何行業，都算是順風順水，年紀輕輕就能獨當一面，可以說是少年得志，但正因爲太過順利，我反而摔了一個大跤。

我是一個庄腳囝仔，對飯店的認識並不多，所以低估了開啟新事業的難度，一開始想得太簡單，以爲只要找好設計師畫好圖，蓋好飯店就可以順利試營運。

當時我還沒賣掉五星級宿舍「長榮時尚」，也還沒賺到鋼筋建材的利差，但因爲那幾年我各項事業都做得風生水起，手邊還有六億元現金，我原以爲應該沒有必要向銀行借錢；但是，等到頭洗下去以後，才發現投資飯店比我預想得還要燒錢，建築、設計、裝修、生財設備等支出全部計算起來，至少要花十幾億元才夠。

我一開始並不擔心，心想，那就跟銀行借錢吧！之前我買土地、蓋飯店都沒有跟銀行借錢，而且我公司營運很健康，無論是鋼構或營造，我都做得不錯，信用也很好，沒道理借不下來。

結果，飯店蓋好以後，我去跟銀行申請貸款，銀行卻回絕了，理由是：我投資飯店是跨領域經營，過去從未有過經營飯店的經驗，萬一經營不善，銀行豈不是要吃大虧？

十幾億的跳票危機

我這才開始緊張，認真寫了企劃書去拜訪合作金庫。過去我一路走來一直跟合作金庫往來，他們最了解我經營事業的態度。我向合作金庫的總經理保證，我絕對可以把事業經營得很好。合作金庫的總經理陳安雄雖然願意幫我，但畢竟飯店量體太大，他仍然有顧慮，建議我應該去找一家飯店結盟，有了對方的輔導，才能降低銀行的疑慮。於是，我聽從他的建議，加盟了中信體系，所以一開始桂田酒店才會叫做「桂田中信」。

因爲我需要十幾億元，金額實在太大，光靠合作金庫一間是不夠的，必須申請銀行聯貸。往來多年的合作金庫願意情義相挺，出面做聯貸的主辦銀行，但其他銀行仍然很遲疑，我只好親自到各家銀行拜訪，說明我的經營理念。然而，結果並不順利，原本預計聯貸一個月就能通過，卻結結實實拖了半年，錢卻還是借不下來。

我當時把所有現金都壓在飯店，給廠商的票也都發出去了。眼看就要跳票了，壓力非常龐大，這眞的是我人生中遇到的最大難關。

我剛創業時被倒過一千萬，那一次的挑戰跟這次相比，眞的只能算是一丁點零頭小錢而已。若銀行聯貸的錢再下不來，我的公司就可能面臨「黑字倒閉」（黑字倒閉意指財務報表上仍有盈餘，公司是有賺錢的，但因爲現金流周轉不靈而破產，財務報表的盈餘會以「黑字」顯示）。

體會人情冷暖、商場現實

明明公司營運得那麼好，也都有賺錢，卻因爲周轉不靈而倒閉，這多讓人不甘心！

爸爸的事業做垮了，我的孩子會怎麼看待這件事？其他人又會怎麼看待我的孩子？在壓力之下，我每天都思慮紛紛，這是我人生中第一次有

「困獸」般的感覺。

我創業以來，除了初期爸爸跟舅舅借過一筆啟動資金以外，從來沒有跟人借過錢，但這一次的危機迫在眉睫，似乎不容我再繼續維持身段，我慎重考慮是不是該跟朋友調頭寸。對我這樣愛面子的人來說，只有情況萬分緊急，幾乎走投無路，才會出此下策。

過去我生意很順遂時，曾有業界的大老闆豪邁地說：「朱董，你做生意我有信心！我隨時準備投資你，手頭一、二億的現金就放在那裡，等你來借。」因爲這句話，我曾經試著去旁敲側擊，看看對方是不是可以幫忙一下，但當初那些熱心說想投資我的人，此時此刻卻都避之唯恐不及。

那時候，市場上流言四起，說桂田的朱董野心太大、腳步太快，但終究是實力跟不上，要廠商對我小心一點，免得最後被我倒帳血本無歸。而且，

從營造業踏入飯店業的跨域經營，
讓我面臨了生涯最大的難關，
幸而柳暗花明，再創事業高峰。

因爲財務上的壓力，我在營造這一塊也很難爭取到業績，員工們因此人心惶惶，很多人一看苗頭不對，就紛紛離職求去，前後竟走了一半左右。飯店聯貸卡關，營造員工出走，我在那段時間眞可謂是腹背受敵，承受多重的巨大壓力。

我後來經常拿這件事來教導我的孩子：商場上很多所謂的「朋友」，是因爲你夠有「坎站」（程度），一旦你虎落平陽，這些「朋友」可不見得會繼續留在你身邊。

當時的種種經歷，使我深刻體會到人情冷暖與商場現實，並鍛鍊出我的交友哲學，先「觀察」、再「傾聽」、最後「說話」。觀察他的行爲舉止，像是講話時的眼神是否專注，可以了解這個人是不是用心、專心和你交流；傾聽他是否能以正向的態度討論分析事情或問題，可以知道這個人的處事風格。最重要的是，他一定要對父母有孝、對朋友有情，遇到事情不是只顧自己的利益。

峰迴路轉，危機解除

身負十幾億元的財務壓力，我每天焦慮到深夜在庭院裡走來走去，盤算著該怎麼解決這個問題，心中甚至已經做好最壞的打算：倘若我無法即時跟銀行借到錢，我就只好暫停營運飯店的計畫，把所有的廠商都召集來開會，跟大家溝通：「免驚，我不會倒，我只是一時無法順利跟銀行借到錢，只要大家相信我，願意不讓我跳票，我可以給你們持份，把土地跟飯店讓你們做二胎的抵押。」要這樣拜託廠商來相挺，對我來說當然是很丟臉的一件事，但總比最後跳票黑字倒閉好。

在我最焦慮的時候，我經常到玄天上帝和伯公廟（關仔嶺崁頂土地公）那裡祈求能度過難關，我們夫婦還爲此許願，吃了三個月的素，期盼誠心能感動神明。我還記得某一天，我在伯公廟那裡拜拜完以後，抽了一支籤，是上上籤，當天晚上我還做了一個夢，夢見伯公拿了顆糖果給我吃，笑呵呵說：「你過關囉！」

儘管這支上上籤跟這個看似吉兆的夢，多少爲壓力極爲巨大的我帶來一些安慰，但那時候，距離履約只剩下一個月，還有好幾家銀行談不下來，我心裡其實連一丁點的把握都沒有，短時間內要攻克所有銀行，這也太困難了。對於這支上上籤與這個夢境，只覺得大概是自己太掛念這件事，所以才日有所思，夜有所夢。

但說來也玄，接下來的一週內，原本卡關的銀行，竟然奇蹟般一間一間地通過了，如大旱逢甘霖般，救命錢即時撥下來，危機解除了。

我一向愛惜羽毛，把信用看得很重，本來就從不拖欠別人款項，如今，資金終於到位，我立刻把廠商們召集過來，付給他們現金，這才終於鬆了一口氣。有了這十二億元的挹注，我也終於可以大展身手，開始經營飯店。

最大希望與最壞打算

這樁險象環生的危機，也給了我很大的教訓，雖說我本來做事情就會預做打算，留一點後路，免得遇到變數會措手不及，但在這之前，因爲少年得志，在風險規劃上，想得還不夠深，每要前進一步，僅會先退三步回來預做規劃。而經過這場試煉以後，現在我每前進一步，都會先退一百步回來布局。凡事固然要抱持著最大的希望，但也要做最壞的打算。

我很喜歡王識賢唱的《勝者為王》這首歌，歌詞正是我那段時間的心路歷程：「勝者為王，別說失敗是英雄；虎落平陽，也有機會會成功。勝敗無常，可比起落的太陽，再現江湖，掀起恩怨的波浪。」

雖然一度虎落平陽，但我終能重振旗鼓，站穩腳跟。二〇〇六年，桂田中信開始試營運，那年我三十一歲，成為全臺灣最年輕的飯店老闆；二〇〇七年，桂田中信正式開幕；二〇〇八年，正式更名為「桂田酒店」，我花了兩年時間，就做到了損益兩平。

我在一期聯貸時，因為銀行對我經營飯店沒信心，吃盡苦頭還是遲遲貸不到貸款；但到了桂田二館要創建時，因為比較小棟，我原本只想要貸十六億元，結果銀行卻都超額認購，「要五毛給一塊」，貸給了我三十幾億元，而且僅用兩個月的時間，貸款就申請下來了。

因爲我已經用實戰成績告訴他們，雖然我很年輕，過去也沒有相關經驗，但我是有能力、有膽識的經營者，就算跨領域，也一樣能開創新氣象。

桂田心法

1. 無論做什麼買賣，都要有自己的理念。
2. 本著自己的原則理念，就能當機立斷，做出無悔的決定。
3. 要進一步，要能先退百步；抱持最大的希望，但做最壞的打算。

歡迎光臨桂田酒店

換位思考的經營思維是我要讓每位客人感受到豐盛款待的用心

在三十一歲時，我獲封了一個新頭銜——臺灣最年輕的飯店頭家。

當初在想飯店的名字時，突然靈光一現，何不把父親（朱炎田）和母親（張月桂）的名字各取一字，起名爲「桂田」呢？這個名字很好聽，字義溫柔敦厚，更重要的是，這個名字深富飲水思源的意義。

我今日有的一切，全是拜我

父母所賜，他們雖然沒有給我有形的金錢或資產，但給了我厚實的愛、端正的身教與受用一生的人生智慧，我想透過這個名字，表達我對父母深刻的孺慕之心。

也是從這個時候開始，我把公司旗下飯店以外的其他事業，也陸續冠上「桂田」二字，像是桂田營造、桂田欣業建設等，集團的概念漸漸形成。

投資飯店之前，我從未有過經營服務業的經驗，當時很多人都不看好。有人說我太年輕、野心太大，跨行經營的失敗率往往很高；也有人質疑我開飯店的地點有問題，說飯店一般都開在市中心，朱董卻想在當時的臺南縣蓋飯店，有誰想去？

面對第一種懷疑，我會用時間和實力證明自己有能耐當飯店老闆；至於第二種質疑，我的看法則恰恰相反，我覺得桂田酒店的地點非常好。永康這塊土地的位置正好就在交流道下來不遠處，有一點類似臺中七期，早年臺中七期不也是一片荒蕪嗎？但後來發展成爲臺中市最繁華的區域之一。永康的這一塊地就有一點像臺中七期，位置剛好在縣市中心點，我覺得頗有發展潛力。

古早時南部民衆辦喜宴，經常是在自家門前封路搭棚、請外燴來擺流水席，但隨著時代改變，愈來愈多人選擇在飯店辦喜宴，覺得這樣比較體面，也比較不影響鄰居。可是十幾年前的臺南縣（二〇一〇年臺南縣與臺南市合併）並沒有一間像樣的宴會飯店，大家如果想在大飯店辦喜宴，就只能去臺南市的大億麗緻或長榮舉辦。正因如此，我覺得如果能夠在臺南縣交通便捷的地方開一間氣派的飯店，應該大有可爲。

桂田的位置剛好是位於臺南縣市的中心點，無論從臺南市或臺南縣過來都只要十幾分鐘車程，對於整個大臺南地區的民衆來說，是一個很好的宴客地點選擇。

二〇〇七年，桂田中信順利開幕營業以後，就跟我預期的一樣，宴會生意非常好，尤其是遇到宜嫁娶的好日子時，中午、晚上每一廳都爆滿。以一桌金額一萬五千元計，午宴、晚宴各四百桌全都滿訂，一天就可以創造一千多萬元的業績，現金流立刻就活絡了起來。

從消費者的角度來經營

相較於飯店宴會的出色業績，飯店其他餐飲的部分，頭一、二年的表現可說是相當平庸，業績一直起不來。但是經過了多次調整，現在桂田的餐飲已經是飯店的金字招牌，特別是自助百匯「阿力海」，更是每天都高朋滿座，一位難求。

桂田酒店成立之初，自助百匯還不叫「阿力海」，而是叫「新巴黎」。雖然當年南科管理局的戴謙局長很肯幫忙，把我們當南科的生命共同體，也牽線引介了許多商務客跟廠商來捧場，但當時新巴黎的餐飲實在是缺乏特色，無法吸引更多消費者。

當時的總經理本來建議我，在飯店走動時要西裝革履，還要別上特製的徽章。我在工地穿工作服習慣了，要我整天都穿得這麼正式，實在十分拘束。還曾遇到客人跟我反映說我們的咖啡很難喝，一抱怨就是十幾分鐘。我做鋼構、營造幾千萬、幾億元的生意，都是一句話說了算，現在爲了一杯一百多元的咖啡，而罰站在那裡被「碎碎唸」，這經驗也眞的是前所未有了。

但客人會有這些負評，就意味著我們的餐飲做得不到位，我們一定要認眞看待這些意見，虛心接受、認眞檢討。不過，爲了避免麻煩，後來我去各樓層巡視都「微服出巡」，不穿西裝了，這樣也比較能夠以一個消費者的角度，來客觀衡量飯店各面向的好壞。

把弱項變成金雞母

我自己也是第一次做飯店老闆，很多事情都還在摸索期。因爲加盟中信，飯店細節管理的部分我大可交給專業經理人，我自己把重心放在集團內最賺錢的營建就好。不過，我的個性就是不服輸，既然都已經「撩落去」投資飯店了，就希望這個事業也能做得有聲有色，於是我決定自己找出餐飲不

臺南桂田酒店，
設計寬敞而簡約，
提供了一個舒適的宴客空間。

受客人歡迎的理由，設法改良，讓客人有聚餐或商務用餐需求，就一定會想到我們桂田。

雖然經營飯店原非我的專業，但就像鋼構、營建本來也不是我的專長，最後，我也能做得有聲有色。諺語說「打蛇打七寸」，做任何事情只要能掌握到關鍵的訣竅，就能做什麼，像什麼。我踏出的第一步，就是大量觀摩，做扎實的競業調查。而且我還把這個任務跟家庭經營互相結合，順便帶我的孩子們到處去玩。

我雖然長年都工作極爲忙碌，但是我深信，爲了事業犧牲家庭的人生，最後肯定是充滿遺憾的，所以不管多忙，我每週還是會特別留給家人、孩子一段時間，若時間比較充裕，我們就開車全家出遊；若那一週實在太忙，至少也要陪小孩去上個館子、逛逛夜市或看場電影。我不要他們長大以後，回憶起自己的成長歲月，覺得父親是缺席的。

既然要做競業調查，我乾脆就「寓工作於育樂」，一到假日就開車帶我小孩到處去玩，南來北往住遍、吃遍全臺灣最受歡迎的各家飯店，三個月內大概訪查了二、三十家飯店。有一次因爲來不及訂到住宿，只好湊合睡在車上，但對小孩子來說，這也算是一個難得的有趣體驗。

小朋友的心思單純，不管我帶他們去哪裡，都開開心心只顧吃和玩，但我除了陪伴家人，還身負來做競業調查的任務。一進飯店，我就會認眞觀察這間飯店的裝修設計、空間、動線等面向；吃飯的時候，當然也不是純粹吃吃喝喝而已，而是留意人家的餐飲特色。只要發現任何讓我驚艷的細節，我都會特別拍照記錄下來，做爲調整桂田酒店餐飲的參考。

除了自己去，我也會帶我們飯店的廚師、主管，去拜訪一些表現特別出色的飯店用餐，以學習、吸收別人的優點。

精細改造，脫胎換骨

很多領域的好公司或好產品，其實一開始都是始自於模仿，慢慢融會貫通，最後才發展出自己的特色與優勢。我雖然是行業新手，但至少懂得見賢思齊，可以把競爭對手受歡迎的元素一一提煉出來，讓「阿力海」可以集各家之長，有了豐富的基本盤，再調整出自己的獨特性。

比如說，以前新巴黎只有西菜，但我覺得不夠豐富，消費者來吃飯店自助餐，就是希望看到豐盛澎派的多樣化菜色，因此，在西菜以外，我又加入了中式、日式、泰式等多元的料理，除了這些菜式，我們還提供年輕人喜歡的燒烤跟鐵板燒，以及豬心冬粉、臺南牛肉湯、黑白切、杏仁茶、小卷米粉、羊肉湯、虱目魚粥等特色小吃。這些菜式上的靈感，則是來自於我帶小孩去探索各地美食或逛夜市得到的啟發，我把這些國民美食精緻化以後，再移植到我們的自助餐中，成爲我們餐廳的特色之一。

消費者都有希望「値回票價」的心態，所以我們「阿力海」的菜色不但要琳瑯滿目、色香味俱全，食材還要讓客人產生驚喜的「高級感」，客人覺得「有賺到」，我們就能留住客人的心。所以，我們的飯店自助餐負責日式、中式等不同膳台的師傅，都是專門做中菜或日料的廚師；不但菜色多元，龍蝦、生蠔、螃蟹等高級魚貨也海派地無限供應，讓客人「呷免驚」。

我後來把「新巴黎」改名爲「阿力海」，阿力海在原住民語的意思是「豐盛」，也就是臺灣人說的「澎派」，我希望桂田的餐廳能夠讓每一個來用餐的客人，都能感受到我們豐盛款待的用心。

經過五次精細改造的「阿力海」，總算脫胎換骨，在飯店餐飲界殺出一條血路，搖身變為臺南地區最好的自助餐之一，表現出色到還有臺北的飯店業者特別前來取經。現在臺南桂田的宴會與餐飲，都已經是飯店的金雞母，週末的訂婚、結婚吉日，光是宴會部分就可以做到一天一千萬元業績，加上「阿力海」、日式料理、鐵板燒、桂田書坊等餐飲營收，以及住房的營收，單日的營業額可以再增加近二千萬元，是大臺南地區業績最好的飯店之一。

平安度過大水災

常有人說我是「天公仔囝」，我做任何事情，彷彿都有神明庇佑，逢凶化吉。在經營臺南桂田初期，發生過一段奇蹟般的際遇，讓我剛起步的事業在巨大的天災中全身而退，完全沒有損失，這個過程也讓我相當難忘。

二〇〇八年，桂田中信酒店正式更名爲臺南桂田酒店，次年八月，就遇上了臺灣天災史上惡名昭彰的「八八水災」。

當時，莫拉克颱風挾帶超大豪雨，許多地方在兩天以內，就降下了相當於一年份的降雨量，因而造成重大災損，高雄甲仙鄉的小林村甚至慘遭滅村，數百人被活埋。

對那時候的臺南來說，八八水災也是七十年來最嚴重的水患，狀況極其慘烈。風災當晚，總經理緊張地來跟我匯報狀況，說桂田酒店外面的馬路已經開始淹水，水深及腰。按理說我們應該難以倖免，地下室肯定會被淹成汪洋一片，損失慘重，但是，在那一次嚴重水災中，臺南桂田酒店卻奇蹟般平

莫拉克颱風帶來猛烈暴雨，
還好應變決策正確及老天爺保佑，
酒店才能經歷巨大天災後安然無損。

安度過，幾無損失。

一來，是因爲決策正確、應對得宜；二來，則是因爲蒙上天保佑，所以才能經歷巨大天災後安然無損。

桂田酒店雖然有做防水閘門，但以這可怕的雨勢來看，肯定是擋不住的，若不做任何因應，大水最後一定會淹進地下室。臺南桂田酒店的地下二層有大型儲水槽，以容納民生用水。我得知豪雨的嚴重程度以後，就把汽車都先疏散到地勢較高的地方。

另外，我們還準備好許多部發電機，當機立斷把地下室大型儲水槽的水全部往外抽。外頭的水若淹進來，就會先流到水箱，而我們則不斷把水箱的水往外抽，雖然水不斷湧入，但我也不斷排空，一進一出之下，水就不會灌進酒店的地下室。

但是，大雨整夜沒完沒了地下，抽了一晚上的水，眼看發電機的柴油快告罄了，最多只能再撐二、三個小時，當時的路況太糟，無法出去買油料來補充，我心中暗暗叫苦，心想這雨如果再繼續多下幾個鐘頭，恐怕就控制不住水勢，只能眼睜睜看著大水淹進地下室。

老天保佑平安脫險

但我們眞的很幸運，就在天快要亮、發電機油料也快要用完時，雨勢漸漸緩下來了，桂田酒店有驚無險的度過了這個臺南地區七十年來，最嚴重的暴風雨夜。

後來看新聞，外頭有些地方的水都已經淹到一層樓高了，桂田酒店隔壁大樓的地下室一、二樓全淹，光車子就近兩百多輛泡水，損失難以估計。如果我沒有準備好發電機，並果斷把儲水槽的水排空，以容納湧入的大水，桂田酒店肯定也在劫難逃。我們飯店的空調以及重要機電設備都設在地下室，泡水後勢必嚴重損壞，加上後續爲了復原的停工營業損失，粗估代價就高達兩億元。

這次平安度險，固然是因爲我當機立斷的決策，但也因爲有老天爺的庇佑，在千鈞一髮之際解除危機，爲此，我深深感恩。

父病比任何挑戰更揪心

桂田酒店試營運以來，經過不斷摸索、調整，很快就上了軌道，業績蒸蒸日上，僅僅兩年多，就達到損益兩平。

當初蓋桂田第一期時，因爲我是跨行經營，沒有實績可以驗證我有經營飯店的能力，因此申請銀行聯貸卡關，費盡千辛萬苦，才終於申請到資金；但等到桂田第二期要申貸時，銀行對我信心大增，超額貸款給我三十億元，有了資金挹注，糧草兵馬充足，二館馬上就能開始營建。

但在蓋桂田二館時，卻發生了一樁比任何事業挑戰都更讓我心驚肉跳的事情：我最最最深愛的爸爸，竟被診斷出罹患唾液腺癌。

這對我而言，不啻是晴天霹靂！事業上遭遇的困難再多，我都不怕，因爲我相信以我的能力與努力，一定能找到出路，但是爸爸的生病，卻讓我既恐懼又無助。

爸爸的口腔並不是第一次被診斷出有問題。我還在當兵時，有一天接到家裡來的電話，說爸爸被檢查出有可能罹患口腔癌，媽媽告訴我，爸爸得知這個噩耗以後，整日心神不寧，連吃飯都不小心打破碗，覺得都還沒看到小孩成家立業，自己就罹患癌症，心情很低落。

就像臺語說的「阿爸親像山」，爸爸在我心中，一直像是錨一般的存在，讓我擁有安全感。聽到爸爸的情況，我心如刀割，恨不得能立刻離開部隊、回家探視。

幸運的是，那一次其實是誤診，爸爸並沒有眞的罹患癌症，只是虛驚一場。誰知道，在多年後，竟然又被診斷出有唾液腺癌，而且這一次並不是虛驚，而是結結實實的確診，讓我瞬間陷入極大的不安。

罹病那段時間，爸爸身心都很脆弱，其實我自己的心情也無法踏實，每次看報告，心裡都惴惴不安，就怕又是壞消息，但爲了讓爸爸放心，我表面上都保持平靜，不敢流露出任何凝重的情緒。

愛要及時

爲了幫爸爸治病，我帶著他遍訪名醫，甚至還透過朋友牽線，輾轉帶爸爸去給「中南海御醫」邱佳信看診，只要對爸爸的病情有幫助，花費多少資源都沒關係。

本來一開始在南部的幾家醫院評估時，醫生說必須要切掉顎骨治療，但是一旦開刀，就會嚴重影響外觀跟生活品質；後來，我們再去臺大醫院檢驗，醫生評估說不必如此，只要做電療、化療就可以，我這才稍稍的鬆了一口氣。

那段時間，臺南桂田酒店在緊鑼密鼓蓋二館，其實我非常忙碌，說是「日理萬機」也不爲過，但無論多麼忙碌，我還是會盡量親自帶爸爸去看診。在我心目中，爸爸比任何事業更重要千萬倍。

非常感謝老天厚待，後來爸爸成功度過難關，從惡疾中順利康復，之後的許多年也都未曾復發。

這次爸爸在生死交關的罹病經歷，讓我更深刻體會到「愛要及時」的道理，不要拿任何藉口來拖延跟家人的相處，人生無常，不一定有那麼多「以後」，要珍惜每一個可以同在的當下。

我本來就很重視跟家人的關係，從那之後，我更是在每一年都會安排家族旅遊，希望能夠把全家團聚的美麗回憶，深深鐫刻在每一個家族成員的腦海中。

在桂田二館之後，原本我還打算要籌建桂田三館，有了前面的戰功，此時的資金早已不是問題，銀行那邊的貸款很順利就撥下來了。但是，我卻臨時改變了主意，決定先暫緩三館的計畫。

理由是，我因緣際會買下了臺東的一間廢棄飯店，我想要讓這間飯店重生，等到臺東的飯店賺到錢以後，再回來蓋我的桂田三館。

國際視野，品牌升級

銀行方有些不解，說既然資金也都下來了，桂田三館也可以馬上蓋呀。但我認爲若是這樣做，我公司的負債比就太高了，我寧願一步一腳印，這樣比較踏實。

而我爲什麼想離開臺南，到東部去開疆拓土呢？

因爲，我對「桂田」這個品牌，還有更深的期望。

桂田集團在臺南地區是知名企業，但是論到「全國性的知名度」，恐怕還需要加把勁。臺東是國際旅客來臺必訪的重點城市，在那裡蓋國際飯店，對我們公司的品牌必然大有幫助。

或許有人會問，既然要打品牌知名度，到首善之都臺北不是更好嗎？但我的想法卻不是如此。飯店業在臺北已經是高度成熟的產業，同樣二十億元，我在臺北投資，很快就會被其他競爭品牌稀釋，能夠激起的水花並不大；但是，臺東當時並沒有一間國際級的飯店，若桂田能成爲臺東首家國際飯店，它獲得的矚目程度跟所帶來的品牌價值必然會更高。

除了商業上的考量，我會在臺東投資，還有一個十分感性的理由，那就是：我對太太許下的承諾。

而臺東桂田喜來登的誕生與發展也頗富戲劇性，它可是從一棟高聳矗立的爛尾樓，華麗變身爲如今的臺東地標，這中間的曲折故事，比起臺南桂田酒店，更是不遑多讓。

桂田心法

1. 客人會有負評，常意味著服務做不到位，一定要認真看待。
2. 不要被「專業」二字局限。做任何事情只要能掌握到關鍵訣竅，就能做什麼，像什麼。
3. 無論處於高點或低谷，都懂得為自己當下所擁有的，深深感恩。

把爛尾樓變臺東地標

臺東桂田華麗轉身的呈現
除了感性的理由
更有商業的理性考量

我結婚的時候，手頭並沒有太多餘錢，因此我們的蜜月旅行沒有到海外，而是選擇在國內開車旅行，先去墾丁玩，然後再從墾丁一路開到臺東。

在墾丁時，我們原本有意住歐克山莊，但當時一個晚上的住宿要價四千元，我太太覺得太貴，有點捨不得，於是我們就退而求其次，改住一個晚上一千多元的旅館。

從臺南到臺東，我們整整開車開了五小時。我太太平時很少出門，直呼說：「怎麼這麼遠啊？」雖然她完全沒有半句怨言，但讓新婚蜜月過得如此克難，下榻的旅館又這麼陽春，我心中實在頗爲虧欠，也不知道哪來的一股豪氣，我對她說：「妳等我幾年，我以後賺了錢，就在臺東買一間飯店給妳住！」

我想太太當時一定以爲這是一句玩笑話吧？但因爲這句話，多年後，我眞的實現諾言，在臺東買下了一間飯店。

精華地段的閒置大樓

二〇一三年，因爲前臺東縣長吳俊立、鄺麗貞等人的介紹，得知臺東縣政府前面的正氣路上，有一棟已經空置甚久的大樓，一共有十六個樓層，蓋好已經十幾年了，前後也易主過，但持有者標下來以後並未經營，整棟樓還是毛胚房狀態，猶如廢墟一般。

由於大樓位於商業區，好好的精華地段，卻矗立著一棟死氣沉沉的爛尾樓，相當有礙市容，縣府方對此也頗爲頭痛，渴望找到有能力經營的企業家接手。

我第一次看到這棟樓，驀地想起多年前我對太太許下的承諾，當下就有些心動。但我是商人，當然不可能只爲了「浪漫」就衝動做出不理性的決定，我想買下這棟樓，除了感性的理由，也有理性的考量。

從商業的考量來看，臺東是臺灣的後花園，凡是來臺觀光的國際旅客，多半都有前往臺東的行程，可是臺東只有幾家國際飯店，這棟爛尾樓雖然乍看破破爛爛，但因爲地段很好，其實頗具發展潛力。

我找來建築師做了結構鑑定，確認建物的結構是沒有問題的，覺得這筆買賣可做，純以土地跟建物的價值來看，售價七億五千萬並不貴，更何況它還有未來增值的潛力，於是就很乾脆地買了下來。

不賺快錢，眼光放長遠

當時陸客來臺旅遊正熱，臺灣許多觀光景點一窩風投入這股錢潮。

如果我想炒短線賺快錢，這的確是最直觀的做法，反正大樓的房間都隔好了，我可以保留原格局，裝修一下就可以開幕營業。但是，我對這棟樓卻抱持著完全不同的期望。

我之所以投資飯店，是想賺到三種錢：品牌、人脈跟土地增值，而這些價值都不是廉價旅館可以帶來的；而且，若只瞄準某特定客層，這無異是慢性自殺，萬一大環境改變，不就無以爲繼了嗎？

對於臺東這棟大樓，我的期待是一間高規格的國際飯店。

當年，整個臺東的旅遊住宿仍舊比較偏向中小型休閒旅館，並沒有一間夠格的國際觀光飯店，若我可以把這棟廢墟改造成高級飯店，應該會很有話題性。更重要的是，它未來能發展成永續、長久的資產——不只是有形的土地或金錢等有形資產，還有商譽、品牌形象、企業文化等無形資產。

在臺灣，從地方崛起的中小型建商，知名度就比較限於當地，除了有蓋房子或蓋廠房需求的客戶以外，通常社會大衆都不會聽過這些營造廠或建設公司的名字。

但高級飯店就不一樣了。首先，它是一個消費性產業，客戶來自四面八方，品牌知名度非常容易擴散；再者，高級飯店本身就是一個最佳的企業實力展示中心，來自全國各地的旅客來飯店用餐或住宿時，就能夠充分體驗到我們桂田集團的施工品質、飯店式管理、管家式服務等面向的功力，而這些好印象，就可以順利轉移至集團內的其他事業，從而帶動集團內營造或建設的業績，讓桂田營建相關事業的觸角得以延伸到臺南以外的區域。

飯店效益超乎想像

自從有了桂田酒店以後，確實爲我們集團帶進相當可觀的業績。很多公司會在我們飯店舉辦發表會、招待會、春酒、尾牙或安排員工旅遊住宿，大老闆們也經常在我們飯店洽談商務或接待客戶，我也因此結識了許多政商名流，當他們有任何營建相關的需求時，自然就會想到桂田，我們服務過的大客戶，很多是透過飯店結緣的。

像這些附加價值，都不是普通旅館可以做到的，只有五星級的高級飯店才能夠爲我實現這些目標。因此，打從我下定決心買下臺東這棟大樓以後，就堅定朝高級飯店的定位前進。

但如果要做高級酒店，臺東這棟大樓原本的格局根本就不符合這個定位，因此我一概不保留，通通打掉重練，以便賦予它嶄新的品牌生命。

一般來說要從零開始打造一間高級飯店，從拆除、室內設計、裝修、機電工程、採購活動家具、申請消防、空調執照到拿到觀光局合格函，前前後後至少要花費五年。但是，我僅用八個月，就完成上述所有的工作。

蜜月時，我對太太的一個承諾，
讓臺東有了一間高規格國際酒店，
並非一時衝動而是更長遠的眼光。

我到底是怎麼做到「快工出細活」的呢？

高強度施工爲求完美

首先，必須要先底定飯店風格，才能進行後續的裝修。很多酒店光是跟各方人馬來來回回確定這個環節就曠日廢時，但我想出一套高強度、高集中度的工作模式，把建築師、室內設計師，以及飯店的一級主管全部召聚在一起，組成團隊後，先探勘完建物狀況，然後安排好八天橫跨中國大陸、香港、日本等地的密集出國參訪行程，每天至少要看三、四間當地一流飯店，研究其空間設計風格與定位，晚上則回到我預先安排好的行政套房，大家一起腦力激盪開會。

我找來的建築師與設計師，都是各自專業領域的一時之選，我們一行人在短短八天內，一共看了二十幾間飯店。回國前，臺東新飯店每一樓層的室內設計平面圖、空間設計的圖稿與細節，就已經初步定案，待回國後，就能立刻開始著手執行：一個月內完成動畫3D平面圖，接著開始畫施工圖，一邊畫就一邊發包，僅用四個月，就把施工細節敲定。

進入施工環節後，我比照過去爲車燈大廠施工的成功經驗，一共發包了八個包商，把十六個樓層切成兩個單位：十樓以上一包，十樓以下一包；餐廳、大廳等則另外分爲六個設計單位，我做總指揮負責監造，所有樓層各單位一口氣同時動工，平均有兩、三百個工人在現場作業，加快施工進度。

那段時間，我們也是全家總動員投入飯店的建設，叔叔幫我們開車，我爸爸更是不辭勞苦，每一次都跟我臺南、臺東兩地往返。我們團隊固定週五開會，我跟爸爸凌晨四點就得從臺南出發，花四到五個小時車程到臺東，小做休息，九點就準時開始工作，下午則馬不停蹄開會，合作廠商們也都集中在那一天送審、簽核，就這樣一路幾無間隙地工作到晚上十點以後，我才跟我爸爸及團隊打道回府，通常回到臺南都是凌晨二、三點了。也因爲這個案子，我跟爸爸的感情又更深刻了一層。

因爲我們施工極有章法，完全不浪費任何一分鐘，所以才有辦法「快工出細活」，僅八個月就順利完工，並完成申請執照，而這段期間，我也非常感謝當時的臺東縣長黃健庭縣府團隊的全力協助。

做高級飯店跟做普通旅館的成本可是天壤之別，如果我只想做普通旅館，可能只要五億元重新裝修就可以了；但是如果要做五星級飯店，起碼要多出三倍才能實現。爲了打造臺東桂田酒店，最後一共花了十八億元，這個數字，是我土地、建物取得成本的二倍有餘。雖然花費鉅資，但是看到原本殘破凋敝的廢墟，搖身變為美侖美奐的臺東地標，仍舊充滿成就感。

飲水思源，對臺南鄉親的感念

二〇一四年，在臺東桂田酒店開幕的重要時刻，我特別辦了一個感恩之旅的活動，包下臺鐵列車邀請臺南的鄉親到臺東共襄盛舉，因為桂田來自臺南，所有的榮耀應該也要歸於臺南，而過去我在臺南的各項事業能成功且向外開展，就是這些鄉親的支持，我才能有今天的成績。

後續，臺東桂田酒店經營了一段時間以後，我考量到桂田在飯店業的品牌知名度還不夠強，若能跟一個國際飯店品牌聯手，才能快速躋身一流飯店之列，也為桂田這個品牌加分。於是，二〇一六年，我們加盟了喜來登體系，更名為臺東桂田喜來登酒店，從此，臺東就有了一家頂尖的五星級國際飯店。

雖然飯店落成開幕營運了，但是，接下的幾年，卻連番遭受各種考驗。

強風豪雨來考驗

二〇一六年總統大選，民進黨贏得勝利，大陸就大幅限縮遊客赴臺，證明了我當年的顧慮：如果我只做陸客生意，無異是慢性自殺。

然而，當年到花東旅遊住宿的客人中，確實有相當高的比例是陸客，陸客突然消失，短期內還是對我造成頗大的衝擊。臺東桂田如果要有盈餘，住房率得達到六成才行，主力顧客不來了，臺東桂田一天住房率跌到只剩下一成，但我還是得養兩、三百位員工維持營運，加上攤提折舊，算算一個月就要賠掉一千多萬元。

除了兩岸政局，老天爺也來考驗我們。二〇一六年七月八日，強烈颱風尼伯特於臺東登陸，十七級陣風挾帶豪雨，重創臺東地區。我兒子也特地到臺東關心狀況，本來說狀況還好，誰知道後來風雨愈來愈大，風勢大到整棟樓都在搖晃，簡直就像是地震一樣。

經過尼伯特狂風暴雨的肆虐，我們飯店前的造景、停車場設備全被摧毀，滿目瘡痍；飯店一、二樓厚達十釐米的大片窗玻璃，也承受不住強風應聲碎裂，風雨灌進自助百匯餐廳「阿力海」，現場一片狼藉。

風災過後，臺東各地正在努力重建，就在我們埋首於讓飯店恢復舊觀、重新營業之際，接到了當時臺東縣長黃健庭的電話，說臺東地區多所學校的建物都因風災受創嚴重，桂田是營建專家，不知道能否伸出援手？

雖然我自家飯店也受創嚴重，正在焦頭爛額搶修，但既然落腳臺東，我們就是臺東的一分子，鄉親有難，我豈能袖手旁觀？因此，我還是義不容辭答應黃縣長，出手協助重建工作。

大疫來襲，不減薪不裁員

臺東桂田酒店在加盟喜來登以後，業績總算漸入佳境，除了喜迎國際客，我們也很努力經營國旅市場。原以爲總算擺脫了陸客消失的困境，守得雲開見月明，誰知道二〇二〇年底，新冠疫情卻措手不及地席捲而來，而且影響範圍廣及全球，封城的封城，封國的封國，國際商務差旅陷入停頓，靠「人」吃飯的觀光業更是首當其衝，受創極爲慘重。

國內雖然沒有封城，但是在嚴峻疫情的壓力下，群聚都不行了，旅遊業自然是急凍，臺東桂田喜來登的業績再次陷入冰河期。

本來以爲新冠疫情會像ＳＡＲＳ一樣，肆虐幾個月後就平息了，牙一咬，苦撐幾個月也就過了，沒想到，這場疫情竟然足足折騰了整整三年。觀光餐旅業者首當其衝，不少旅館、餐廳都撐不下去，只能熄燈打烊或是易主出售。還能活下去的，爲了因應變局，很多都採取裁員、減薪或是放無薪假的手段。

雖然我自己的飯店也經營艱難，但有一點我非常自豪，無論是臺南桂田或是臺東桂田喜來登，沒有裁掉任何一名員工，也沒有減掉員工一分一毫的薪資，讓旗下員工們在最艱難的時刻，生計還是能夠得到基本的保障。

我之所以能夠這樣做，主要是因爲桂田集團的營造、建設事業一直都做得不錯，雖然飯店事業受創嚴重，但整體而言，集團還是有獲利的，既然集團仍有賺錢，我就有餘裕去保護飯店的員工。員工們都跟著我打拚這麼多年，他們家裡也有老小要穿衣、

桂田集團興起於臺南，
邀請臺南鄉親蒞臨臺東桂田酒店，
是開幕，更是表達我的感恩。

吃飯，如果我都「泥菩薩過江」自顧不暇，那也愛莫能助；但我若有餘，又怎能在困難時刻拋棄大家？

在那段非常時期，既然「開源」不易，那就要充分做好「節流」。飯店各項工作原本是一個蘿蔔一個坑，房務、餐廳大家各司其職，有些工作如公共區域清潔，則外包給其他公司。在疫情嚴峻業績急凍期間，我暫停了原本委外的工作，轉由房務或其他正職員工分攤。那段時間住房率很差，閒置人力正好可以來支援。

此外，疫情前生意比較好時，員工若有累積未結的加班費，就折算成休假，不另外再支付。疫情期間生意很清淡，日常事務實在不需要這麼多員工當班，我就安排同仁預先超休。比方說，原本一個月休八天，那段非常時期就安排大家每個月多休息五天。這跟「無薪假」的做法可是不同的，無薪假是沒有支付薪水的，但同仁們的月薪我仍如數照付，不影響他們的家庭生計，至於超休的部分，等未來疫情結束，業績回穩後，若有加班需求，再用這些預休的部分慢慢折抵。

捨不得賣掉跟爸爸的回憶

臺南桂田酒店僅用兩年時間就達到損益兩平，之後獲利就一直很穩定，因此，我決定要在臺東開高級飯店時，也吸引了一些股東投資，大家都以爲臺東桂田也能夠跟臺南桂田一樣很快就開始獲利。不料，飯店開幕後，先是兩岸關係緊張，陸客不來了，後又遭受疫情衝擊，一直在虧損，股東們的信心也開始動搖。

而停車場ＢＯＴ案的履約，更加深了股東們的疑慮。這是怎麼一回事呢？當初我蓋臺東桂田時，爲了解決原本建物只有機械式停車位的問題，我在隔壁買了一塊地，跟縣府簽約做了一個ＢＯＴ案，以便興建停車場。雖然因爲疫情的緣故，履約延後了二年，但時間到了還是必須履約，否則一億八千萬元的權利金就會被沒收。

對股東們來說，飯店已經一直在賠錢，現在又要爲ＢＯＴ案再次投下更多成本，感覺獲利之日遙遙無期，有人就希望我能把飯店賣掉，求個落袋爲安；但我卻不願意賣飯店，對我而言，要我賣掉臺東桂田喜來登，就好像是要我賣掉一個孩子一樣難以接受。

我對臺東桂田喜來登存著非常特別的感情，不只是因爲這是我蜜月旅行時對太太的承諾，更重要的是，這間飯店的每個角落，都充滿著我跟爸爸一

臺東桂田酒店僅用八個月就完成，
除了對品質的堅持，
更展現了集團的執行力。

起奮鬥的回憶。當初整修時，我爸爸從頭到尾都親身參與，臺東桂田喜來登是我們父子並肩作戰、努力催生的珍貴作品，我怎麼捨得把它賣掉？

而且，儘管眼前經營艱難，但我仍看好臺東的觀光市場，堅信臺東桂田喜來登大有可爲。疫情總有一天會結束，只要能撐過去，未來必能獲利，而且還能創造無可替代的品牌價值。

我並不怪股東們，大家投資就是爲了賺錢，飯店遲遲無法順利獲利，股東們會萌生退意，也是人之常情。但是，我跟股東們的期望不同，我想要的並不只是賺錢，更是永續經營與附加價值。於是，我決定把股東們的持股都買下來，成爲臺東桂田喜來登唯一的主人。

而後續的發展也如我所料，疫情後期，國旅昌盛，飯店的元氣一點一滴慢慢恢復了。等到疫情結束後，臺東桂田喜來登的業績就一直穩步上揚，住房率逐漸提升，達到了六、七成，其中，以旅行社的團客和來自歐、美、日的旅客居大宗，國旅跟來自網路的散客也不少，從二〇二三年開始，飯店終於做到年度損益兩平，開始獲利了。

對親子關係的想望

我對臺東的期望並不止步於臺東桂田喜來登而已，考量到前往臺東的旅客很多都是家族出遊，我還想要在臺東蓋一間大型的親子飯店。

在整修臺東桂田酒店時，由於硬體是既定的，很難再增加親子型的大房，我一直覺得美中不足，頗有遺憾。畢竟會來臺東住宿的旅客，絕大多數都不是爲了商務，親子旅遊倒是比較多。我一直很重視「親情的羈絆」，珍惜每一次跟家人一同出遊的機會，因此，我也希望我的飯店能夠帶給所有來住宿的家庭一個難忘的假期，於是起心動念，想要在臺東桂田喜來登之外，再興建另一棟為親子旅遊量身訂做的飯店，飯店內不但能提供寬敞舒適的大房間，還設置可以闔家同歡的遊樂設施。

這棟親子飯店已經開始動工，一共有一百五十多間房，都

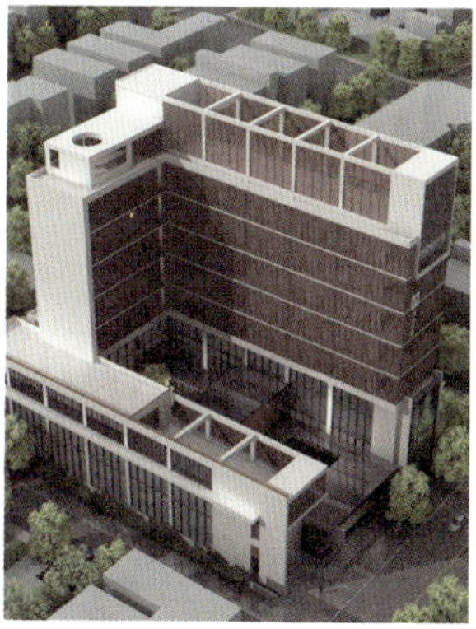

臺東桂田不但成為在地地標，
更是集團轉型的里程碑，
興建中的親子飯店，
也將於明年完工。

是四人以上的大坪數親子房，距離臺東桂田喜來登僅二十公尺遠。飯店只做住房，不做餐飲。辦理入住可在臺東桂田喜來登進行，如此不但方便管理，也可以降低整體的人力營運成本。這間親子飯店預計於二〇二五年完工開幕，我很期待它未來能夠爲更多家庭創造美好回憶。

讓自己熱血沸騰的事業

除了臺南桂田、臺東桂田喜來登，以及興建中的親子飯店以外，桂田的飯店版圖也將拓展至臺南科技園區，成立一間新型的商務旅館。

說起來也是緣分，旅館的建地原本是一位蔡老闆擁有，有人牽線來談這項交易，地點位於南科樹谷園區，附近優質的旅館不多，我認爲商機可期，就跟蔡老闆做了個雙贏的交易，以桂田在臺南市擎天樹兩戶二百四十坪的豪宅交換了那塊土地，由桂田欣業負責興建。

這間商務旅館設計爲八層樓，預計會有一百五十個房間，外型極簡內斂。旅館內的規劃則有九坪的精緻住房，也有可以容納多人進行會議或聚會的大房間，無論顧客是想來住宿，又或者只是想來短暫小憩，梳洗、充

南科商務旅館是智慧型無人旅館，
以科技管理模式經營，
預計未來將成爲樹谷園區的亮點。

電一下，還是想來舉辦會議或聚會、歡唱，南科商務旅館都能滿足需求。

旅館內還會引進很有氣氛的咖啡館，提供精緻的輕食、排餐或義大利麵，晚上則兼有酒吧功能，讓想要用餐或小酌一番的客人能放鬆一下。

有別於我旗下其他飯店事業，南科商務旅館是一間智慧型的「無人旅館」，以科技管理方式化繁爲簡，並巧妙地把住房跟休息的樓層區隔開來，這樣的設想不僅能夠降低人事成本，更重要的是提供高度隱私性與安全感，這對科學園區的客群來說特別重要。

商務旅館自動土後緊鑼密鼓的興建、籌備，預計二〇二五年開始營業。我非常看好南科的市場，在台積電進駐以後，帶動了商務客的休息、住宿需求，如果順利，應可在三年內達成損益兩平的目標。

跟集團內的營造、建設事業相比，來自飯店的營收可能只有一成左右，管理又特別複雜，當初我在投資臺東桂田酒店時，就有朋友問我：「飯店那麼難賺，你爲什麼要搞這麼大？」

確實，經營飯店的錢實在很難賺，但是飯店也讓集團的現金流狀況變得更健康；因爲飯店帶來的人脈、品牌價值等無形資產，也都是不可估量的。

而且對我這樣喜歡追求成就感的人來說，人生中有個新事業可以讓自己熱血沸騰，不也是一件很美的事嗎？

桂田心法

1. 多數人都想炒短線賺快錢，但考量附加價值對整體永續經營的利益，才是王道。
2. 企業對員工是有責任的，如果公司有餘，不該在困難時拋棄大家。
3. 人生中創立一個新事業可以讓自己熱血沸騰，不也是件美事嗎？

上陣父子兵

我對下一代的期許是
既能獨當一面又能並肩作戰
團結同心擴大集團版圖

我的創業史，也可以說是一部「上陣父子兵」的故事。

年輕的時候，無論我到哪裡做任何事業，都會帶著我爸爸同往。剛開始，事業還很小，業務也很單純，爸爸是眞的有實際參與，比如說，我接下的第一筆民宅倉庫營造案，就是跟我爸爸兩人親自下場，連挖地基、綁鋼筋都自己來。隨著公司規模愈來愈大，事務也愈來愈複雜，加上爸爸的年紀也大了，體力不如從前，自然不可能再親自下來做；但是，我還是到哪裡都帶著爸爸，在公司，也尊稱他爲董事長，我們仍是「上陣父子兵」，雖然爸爸不「參與作戰」，但只要他在我身邊，我就覺得平安踏實。

到我兒子凱丞、啓維這一代，我對他們的期待是：可以成爲我的左膀右臂，父子三人並肩作戰，擴大桂田的事業版圖。也因此，從很久以前，我就開始構思對孩子的培訓計畫。

我很疼小孩，但是我也望子成龍、望女成鳳，打從凱丞、啓維、培妤、瀚宇國小寒暑假開始，我就讓他們去桂田酒店當房務，跟著房務人員打掃房間；年紀大一點以後，寒暑假就被我丟到工地打工，舉凡整地、放樣、鋼筋、模板、計算材料等，都要親自做過，從基礎開始，逐項學習。

有些企業家可能不忍心孩子吃苦，會選擇帶在身邊做特助，不會「下放」到第一線去工作，但我的想法卻完全不同，營建這種專業，關鍵就在實務經驗的累積，沒辦法坐在冷氣房裡就能學透，唯有自己親身到工地，每一樣都摸過，這些專業也才會內化成他們骨子裡的能力，而且他們也才能從中領悟，要完成一個工程，可能會面臨哪些挑戰、有多少工種及工序要整合。

打磨出有實力的接班人

說出來大家可能不信，在營建這個產業，很多建設公司的老闆是連結構圖都看不懂的，可能只是因爲土地夠多、口袋夠深就出來開公司，自己並沒有扎實的營建專業，因此把一切都交給專業經理人或工班。但這可能會面臨一個風險：如果運氣好，能找到操守、能力俱佳的人也就罷了；萬一「所託非人」，老闆本人是沒能力稽核的，那麼後果就不堪設想。

所以，我的兩個兒子畢業後，我就直接讓他們去工地，跟著工班從做中學，我跟廠商開會時，也要求他們旁聽，學習如何調度、整合。

除了幫他們打下專業基礎，傳授他們領導、整合的心法以外，更不斷提點他們做生意的鐵則，特別是「誠信」二字。既然承接了業主的委託，就一定要使命必達，一旦辜負業主的託付，打壞的可是桂田的名聲，你們以後還怎麼在生意場立足？

經過多年打磨，如今，他們都已經是有肩膀、有專業，可以從容不迫在現場督陣指揮的營造專家，兩人都是我的得意門生，雖然年紀都還很輕，但都具備堅強的實戰力，我也開始讓他們主導負責一些廠辦的工程，從中磨練實力。

他們有了幾個不錯的工程實績以後，我覺得時機已經成熟，是時候讓他們挑戰高難度任務、承擔更大的責任了。

二〇二〇年，我們接到勤誠興業的委託，要為這家伺服器機殼龍頭在嘉義馬稠後園區蓋新廠房。這座基地面積約一萬二千坪，是一座集研發及生產的智能化廠房。它的設計跟傳統方方正正的科技廠房不同，勤誠的綠建築廠房就像個藝術品一般，有生態池、立體綠化、鏤空等設計，外型既要美觀、有人文氣息，同時又得滿足製造廠對載重與挑高的需求，施工難度很高。

這個案子由我們集團旗下的三民營造協助興建，我讓我大兒子凱丞與二兒子啓維一起完成這個重要的工程。正常來說，像勤誠新廠房這麼大的量體，本來應該至少要花兩年才能完工，但是，我們僅僅花十個月就完成這個案子，算是交出了一張震撼營造圈的漂亮成績單。

一起面對挑戰、共享喜悅，
是我與爸爸的共同經歷，
現在也是我與孩子們的珍貴回憶。

二〇二〇年十月取得建造執照，十一月動土，隔年十月新廠主結構體就已經達到近百分之百的完成度，裝修、電信、電力、消防及二次配工程、生產設備陸續入廠測試。當年年底，就取得工廠登記證與使用執照，新廠就可以開始投產，二〇二二年二月就能量產正式出貨。

廠房落成時，無論是勤誠或是桂田，所有人都無比感動。這座美麗的科技廠房後來還獲得二〇二二年英國倫敦國際創意競賽（LICC）建築設計官方優選獎，以及有設計界奧斯卡之稱的二〇二三年美國繆思設計大獎（MUSE Design Awards）建築類獎，囊括「永續環境綠建築類別」鉑金獎（Platinum Winner）、「辦公建築類別」金獎（Gold Winner）及「廠房建築類別」金獎等三項獎座。曾參與建造的我們得知這些消息，也覺得與有榮焉。

前陣子，勤誠的陳美琪董事長來拜訪我時，特別感謝我們當年的高效率建廠，笑說多虧有我們這麼快就幫勤誠蓋好廠房，不然她也沒辦法承接這麼多大單並且快速出貨，締造這麼亮眼的成績。

被陳董事長這麼稱讚，我深深感謝，被勤誠這麼優秀的廠商選擇我們做爲基地興建的夥伴，就是對桂田集團營造品質的一種肯定，我們當然要盡己所能、全力以赴。

心疼孩子，但信心不減

勤誠這個案子對我兩個兒子來說，深具意義，可以說是對他們多年練兵的一場總檢驗。他們也絲毫不敢大意，建廠那一段時間，他們每天清晨五點就起床，一瓶牛奶、一塊麵包帶在身上就趕去嘉義，馬不停蹄的工作直到深

桂田爲勤誠興業打造的綠色智能廠房，
以超乎預期的速度完工，
此廠房也獲得多項國際設計獎的肯定。

夜才返家。

因爲勤誠這個案子的工程難度眞的很高，過程中面臨各項難題，時間也很壓縮，兒子數度在我面前表示：「爸爸，壓力眞的好大。」

做爲父親，我當然會有些心疼，也深刻理解了我媽媽當年看我熬夜算圖時的感受，但我自己走過這一段路，知道唯有自己打贏這場仗，才能夠更上一層樓，於是勉勵他們：「壓力大是當然的，但是沒有解決不了的問題，遇到困難，就要去克服。」

其實，我完全不擔心我兒子，他們跟我一樣，都是自尊強、不服輸的人，一定會想盡辦法達成使命。最後，他們果眞也不負所望，完成業主的託付，而勤誠這一役，讓他們對自己長久以來累積的能力有信心，也成爲他們從業生涯中的重要里程碑。

我年輕時做車燈大廠工程所創下的高效紀錄，一戰成名；勤誠這個案子對我兒子也有類似的意義，他們僅用十個月就完成這麼大規模的工程，同業若想要打破這個紀錄，恐怕沒這麼簡單，算是確立了他們在營造這個領域的「江湖地位」。

危機與商機相倚

我一直跟兒子們強調：「靠山山倒，靠人人倒，只有自己夠強，才能夠挺過重重考驗。」考驗並不是一件壞事，相反地，考驗經常是提升實力的最佳良機。

他們兄弟倆完成勤誠興業這二個大專案以後，我交給他們一個壓力更大的任務——我們的桂田磐古一期建案（以下簡稱磐一）。因爲大環境遽變，這個任務的困難度與變數，比起勤誠的案子，又提升了好幾個等級。

磐一的基地在善化，距離火車站僅三百公尺，附近原本都是甘蔗田，房子最高也只有四、五層，當年我決定要在此投資蓋SRC超高層大樓時，現在的營建署長吳欣修還不解地問我：「咱善化攏是做農欸，你係安怎要在這起大樓？」不只營建署長不解，就連我的股東也心懷疑慮，當時景氣很不好，我卻還要大舉投資，他們當然會害怕。

但是我非常看好南科的潛力。我本來就沒有要賺快錢，而是將眼光放在五年後，我相信磐一絕對後市可期，蓋完以後，它就是最耀眼的地標。儘管周遭雜音不斷，我還是獨排眾議決定投資，如果股東們擔心，我願意把股份買回來。

二〇一七年磐一正式動土，我蓋到地下一、二層時，都還沒打算開賣，靜靜等待最佳時機。結果，這個時機比我預期來得還快，磐一才蓋到一半，「護國神山」台積電三奈米就決定進駐南科，帶動人口移入，加上市中心要移過來善化等議題開始發酵，近四百戶的磐一甫開賣，就以驚人的速度完銷，而且價格非常漂亮，證明了我的眼光是正確的。

不過，緊接在商機之後浮現的，則是各種「黑天鵝」帶來的危機。

利字當前，團隊出走

先是新冠疫情席捲全球，導致外籍勞工不能來臺；後是烏俄戰爭，導致工料雙漲，光是建材價格，就翻了一倍不止，而且缺工問題嚴峻，就算有錢，也很難請到工人。儘管政府發函通告建商，建照工期因疫情可自動往後展延兩年開工，但是使用執照和合約交屋日期卻不可能展延，我們必須要履行對住戶的承諾，否則就會面臨鉅額賠償。

工程才做到一半，因爲缺工缺料，進度已經有點落後，偏偏就在這個最需要上緊發條、全力趕工的時候，我們負責磐一的處長突然跳槽到另一個建商。更雪上加霜的是，他不但自己離開，還帶走了公司一整批的團隊。

自從台積電宣布要在南科設三奈米廠以後，臺南的建案就變得炙手可熱，除了台積電建廠吸走大量營造人才以外，就連中、北部建商也都紛紛南下獵地取才，一窩風到善化蓋房子，這些公司在南部沒有班底，於是就祭出更高的薪水，挖角當地的營建人才。我們公司在臺南耕耘多年，本來就樹大招風，當然也成爲獵才目標。

人都走了，憤怒是沒有意義的，爲了避免延遲交屋太多，眼下當務之急就是盡快讓磐一趕上進度。

於是，我把剛完成勤誠建廠任務的兒子們叫過來，對他們說：「來，爸爸這次要給你們一個非常艱難的任務，那就是：盡快完成磐一。」

先解決「兵馬糧草」問題

磐一原本一層SRC要蓋三十幾天才能完成，我覺得太慢了，要求兒子們臨危受命，一層必須在二十三天內完成。原本我也有點擔心這個要求是不是有一點過於嚴苛，但我兒子比我想像得還能幹，最後一層僅花十八天就完成。

這些話說起來輕巧，但中間可是經歷了各種曲折。

凱丞與啓維剛接手磐一的任務時，一看到圖跟工序流程便暗暗搖頭，原本的處長安排得亂七八糟，他們回來跟我逐項報告。

我忍不住猜想，或許這也是那些幹部集體離開的另一個原因，他們可能自覺難以善後、無法如期完成，既然外面有人出更高的價錢挖角，乾脆一走了之。我告訴兒子們，我們這棟大樓一共有三十層，必須要拿到使用執照，才不會被罰款。目前結構體才剛蓋到二十層樓，還有十層樓沒蓋，裝修也還沒做，我們現在必須要整合工序，才能夠把進度拉回來。

問題是，當時因爲戰爭、疫情、台積電磁吸效應等大環境因素，導致嚴重缺工缺料，我們想要打贏這場翻身仗，也得要有「兵馬糧草」（工與料），但所有建商爲了搶工搶料都廝殺到眼紅，我們必須殺出重圍。

我告訴兒子，供應商們跟工班們出來工作也都是各自爲了生計，我們必須先想清楚，他們到底要什麼？只有「雙贏」，才是贏。

讓利策略，共好雙贏

我把模板、鋼筋、材料商等供應商都找來，開門見山先問他們：「你們現在有什麼困難嗎？」同時，我也坦白自己的立場：「大家攏跟阮公司配合這呢久，咱出來做生意講的就是『誠信』二字，如果大家這時候放捨我，恐驚以後也很難繼續合作。」

我說這段話的目的，並不是要祭出合約或將來的合作機會來威脅廠商，我只是把我的立場說清楚：若在危急關頭捨棄我，又怎麼能指望在未來的合作中彼此信任？

說完，我話鋒一轉，誠懇告訴大家：「我也知道你們因爲原物料上漲，成本也增加很多，加上還有疫情問題，沒辦法僱用外勞，導致嚴重缺工。我願意讓利給你們，幫大家解決問題，絕對不會讓你們賠錢做。」

我們臺灣有句俗諺：「了錢生意無人做，刣頭生意有人做。」（賠錢生意沒人願意做，高風險卻有利可圖的生意，則有人願鋌而走險。）用同理心想一想，要廠商爲你效力，但又要他們吸收虧損，人家當然不甘願。

建設公司一般有三、四成左右的利潤，我直接讓出一些利潤，分給下游廠商，讓他們都有錢賺，降低廠商們因爲大環境遭遇的衝擊，讓他們可以安心供料或爲我們工作，站在對方的立場設想，才能穩住局面。

當時，水電缺工問題尤其嚴峻，磐一的進度之所以延宕，就是因爲我們本來把消防、水電、五大管線發包給某下游機電廠商做，但是大家後來都跑去做台積電了，我們只好另尋工人。我跟我們包商一起去找下游廠商，原本水電工的行情是一天二千元，我直接加一倍！開出一天四千元的價碼，但即使如此，還是找不到足夠的水電工。

也算是老天保佑，這時候，我得知有一個高雄的水電廠商，旗下有六、七十個專業的水電工程人員。而這個老闆眼下正巧面臨急迫的財務問題，股東全都跑光光，只剩下他自己獨力支撐，迫不得已還去借了高利貸周轉，光是一個月的利息就高達三百多萬元，壓得他喘不過氣。

我問他：「你到底需要多少錢？」

水電廠老闆：「朱董，我需要六千萬現金。」

我回問：「我如果幫你，你可以全力相挺嗎？」

在缺工缺料的嚴苛考驗下，
我們全家人一條心，
又完成了一次不可能的任務。

我坦白對他說，我現在磐一機電部分非常缺人，如果他能調動全部人員來支援磐一，就能解我燃眉之急，而我則願意借他資金周轉做爲交換。

老闆有些遲疑地問：「那……我要給朱董多少利息？」

我馬上說：「毋免利息！我要的很簡單：我幫你，你幫我，就按呢。」

老闆語氣堅定說：「好！朱董，我全力挺你。」

後續，我立刻免息借他六千萬現金，解決他的資金問題，光是每個月現省三百萬的鉅額利息，財務壓力就瞬間減低不少；而這位老闆也信守承諾，調度了旗下所有水電工程人員支援磐一。爲了感謝他，這些人員的工錢我全部用現金支付，緩解他的資金壓力。最後，我們雙方都有驚無險解決了各自的困境，彼此都是對方的貴人。

模板工程也一樣，因爲原先的工資行情請不到人，我二話不說，立刻補給工班二千萬元，讓廠商可以搶到工人。雖說從法律上來看，我有絕對的正當性可以告廠商們違約，但是撕破臉對簿公堂，最後只是兩敗俱傷，最後滿盤皆輸，誰也沒有好處。

爲別人考慮也是爲自己好

在這種非常時期，大家都有難關要過，我如果不先處理包商面臨的問題，最後包商不堪負荷，就會面臨跳票倒閉的命運，他的問題沒解決，我的問題也沒解決，所以我把我一部分的利潤拿出來補貼給他們，讓大家可以共度難關，雙贏才是贏。

這也是我想教我兒子的，做人跟做事一樣重要，做生意不能只有殺伐決斷，也要懂「人和」的道理，為別人考慮，就是為自己考慮。

雖然我自己也被人背叛過，但是，我從未對人失去信心。在工程界這麼久，遇過很多很有人情味的廠商，你對他好，他也願意挺你，這些工班很多都跟我們配合多年，大家都有革命情感，都是一條船上的人。

而人與人之間要處得好，說到底，也就是「互相」二字而已。

為什麼我經常能在搶人大戰中搶贏？原因其實很單純，就是長年有在跟廠商們「搏感情」。我給的工錢絕對不比行情低，提供的工作機會又多，付錢「阿莎力」（乾脆）。

廠商有什麼困難，我也可以通融，比如說，有些廠商在年關將近時，資金若比較緊張，我年前就用現金取代開票，讓他們好周轉，這些人家都點滴在心頭。

大多數的廠商也都是明白人，雖然市場上爲了搶工，價錢喊得滿天飛，但這些外來者的工程總有做完的一天，從長遠的眼光來看，還是應該選擇一個願意爲自己著想、付款乾脆又可以長期配合的客戶。

克服困難，如期完工

「糧草兵馬」都到位了，接下來的重頭戲，就要重新擬定一個最佳戰略。

正所謂「將帥無能，累死三軍」，一件事做不好，跟上面的人領導無方很有關係。我一再跟我兒女或公司幹部強調：「天下沒有不會打仗的兵，只有不會指揮的將軍。」我告訴我兒子，首先，我們要重新盤點目前的工程狀況，接下來，則是把混亂的工序撥亂反正，仔細思考要怎麼修正，才能夠用最快的方式趕上進度。

當時，磐一的結構體部分只蓋到二十樓，上面還有十個樓層的結構還沒做完。一般來說，大樓工程通常是把結構全部完成後，再全部進入貼磁磚、防水工程、內部粉刷等下一個工序，但我的做法是把所有樓層的工作分割開來，分爲上（二十樓以上）、中（一樓到二十樓）、下（地下室的一樓到四樓）三部分，按照各部分的工程現況，進行不同的工序，如此一來，上面在蓋結構體的同時，中、下部分也不空轉。

我們把四周圍鷹架先搭起來補強，高樓層部分進行模板、鋼筋、混凝土工程等，繼續完成結構體；地下室部分則先把泥作、五大管線工程通通都解決；而中間的部分則做室外防水、粉刷、油漆、門窗、嵌縫等工程，等到上面樓層蓋起來，中下層的工程也收得差不多了，就遞補上去，把該做的工序做完。

要執行這種「同步」戰略，非常考驗主事者的專案管理能力，要恪遵標準作業流程，還要設立很多稽核點、截止點；要分階段確實驗收，務求每一個環節都沒有脫序。

如果將軍自亂陣腳，就不可能指望工班有好的執行力，而這正是我們父子的強項，我們配合無間，沒有浪費任何一天或任何一個工序，當結構體好了以後，細部裝修也幾乎同步完成。

齊心協力，完成不可能任務

一般建設公司在拿到使用執照以後，才會去做景觀設計、室內設計和公共建設那一塊。這些工程如果是別人做，大概要八個月，但我就連這幾個部分，也都納入同步計畫，地下室做好以後，我就開始進行室內裝修、景觀跟公設，磐一被拖慢了一年的進度，全都拉回來趕上了。

最後，同步下鷹架，內外皆美的「磐古」正式問世。

戲劇化的是，磐一隔壁的建案，就是挖走我團隊的建設公司蓋的，我們父子全力趕工磐一的時候，因爲他們的樓層數只有十四層樓，結構體幾乎已經完成了，而我們磐一還有十層樓沒蓋，鋼構也才剛做好，鋼骨鋼筋混凝土（SRC）都還沒上去。

沒想到本來落後、工程量體又比較大的我們，最後竟然超前完成，進度領先他們四、五〇％之多。

磐一完工後，我跟兒子們站在頂樓，在燦爛夕陽下俯視整個善化市區，心中滿滿的成就感，我們父子同心，又完成了一項不可能的任務。

「爸爸，你看，他們現在還在做，而我們都已經要拆鷹架了，」凱丞用一種不服輸的口氣說：「我就是要做給這些人看！」

也難怪凱丞會這麼說，我想，這些人可能以為在嚴重缺工缺料的環境下，團隊又大失血，我們磐一會因此陷入泥淖，完工遙遙無期吧？

放大格局，要跟自己比

我本來給我兒子二十三天蓋一層的期限，結果兒子們完全沒讓我失望，指揮若定，僅用十八天就完成一層。我想，兒子們之所以表現這麼好，除了有想要讓爸爸刮目相看的心態以外，應該也有幾分「不能讓人看衰」的志氣，所以他們不只是「達標」，還更進一步「超越」了。
我懂孩子們的心理，但我也勉勵他們：「你們跟那樣的人比幹嘛？那些人本來就不應該是你的對手，你們格局要放大，不要跟別人比，要跟自己比。」

而這個案子也教給孩子們一項更重要的功課，人生不會一直一帆風順，在施工的過程中，我們預料不到會有新冠疫情的爆發，導致缺工、缺料的情況發生。

另一方面，我對此也有所感恩，因爲孩子們總有一天會接班，這個經驗是寶貴的一課，不用繳學費就可以學到另一種思維，而且是我們共同面對和解決這次的困境，這也是我常說的上陣父子兵。

磐古這個案子，對我們朱家而言意義非凡，它是我們三代共同參與的大計畫。我跟兩個兒子在缺工、缺料、團隊出走的情況下，同心協力克服一切困難，解除危機讓磐一得以完工，女兒和媳婦則肩負後續在交屋階段與客戶之間的溝通協調工作；後續磐古二期，我們也是全家總動員共同投入銷售，磐古不只是桂田集團嘔心瀝血的誠意之作，也是我們朱家誠心獻給客戶的精緻住宅。

每一次攻克難關，都是爲下

社會住宅的建造規模龐大，我讓孩子去帶領工作團隊，實做操練更勝紙上談兵。

一場考驗作累積實力，完成了磐古以後，我又給他們出了個難題，要他們負責「和順．安居」的案子。

「和順．安居」是目前全國最大的社會住宅案，金額近九十億元，是單棟量體最大的社會住宅。現在臺灣大約蓋了八萬戶左右的社會住宅，其中，有兩成是桂田集團承接的，包括「新市．安居」、「樂善．安居」、「鳳翔．安居」，以及「和順．安居」，總量超過五千戶。

我接這些案子的時候，營建市場很熱，大多數建商都不想接社會住宅的案子，寧願去蓋房子或蓋廠辦。蓋房子的利潤通常有三成以上，蓋廠房的利潤也不錯，有兩成左右，工程速度又比較快，而且，蓋到哪裡廠商就付到哪裡，雖說比做建設的利潤低一點，但回收比較快，不像蓋房子要等房子賣出去才算是獲利了結，蓋廠辦很快就能落袋爲安，一年多接幾個廠辦案，公司的營收就穩定了。

社宅：接班期末考

對大多數建商來說，社宅的獲利相較之下沒這麼好、工程經年累月，回收又慢，而且做公家機關的生意還特別複雜，景氣好時，建商們當然寧可去做投資報酬率較高的事，誰想碰社宅？但我卻反其道而行，承接了很多社宅案。

爲什麼呢？首先，雖說招標時景氣很好，但景氣是一直循環的，物極必反，花無百日紅，一定要懂得未雨綢繆，才能基業長青。社會住宅雖然利潤較差，但是它是長單，而且量體夠大，足夠維持我們集團五年內有最起碼的業績，萬一景氣反轉時，可以維持公司正常營運，保障我旗下的員工跟合作的工人們都有穩定的工作與收入。

再者，社會住宅是蓋給經濟能力相對沒這麼強的族群住的，對我而言，用我們的專業協助政府，幫忙照顧那些需要一個「家」的民眾，這也算是一種「積德造福」的方式，跟蓋其他建築或廠辦，有不同的意義，所以我很願

雖然社會住宅利潤較低，
卻能爲公司帶來長期穩定收益，
而且能夠協助政府，
照顧弱勢族群。

意接社宅案。

還有一點，則是出於我的私心——我想要透過這類比較難做的案子，來訓練我的孩子。

社會住宅跟其他營造案很不一樣，它是由中央撥款、地方提供土地，而業主則是內政部營建署轄下的國家住宅及都市更新中心，對於案子的品質、工安、進度等面向都要求很嚴謹，監造也陣容浩大，有住都局監造、營建署監造與耐震係數等三十幾個監造，每天在基地緊盯著營造廠施工，無論是稽核、驗收都非常仔細，而且還有不容轉圜的罰則，我們的進度只要延遲一天，就會罰一千萬。

因爲量體很大，所以每天都有五、六百個工人在基地施工，比軍隊中一個營的人數還多，主事者眞的得像個「將軍」一樣，要戰略清楚、指揮若定，才能讓這五、六百個「兵」井然有序、精準執行任務。

我心想，這麼棘手的任務，可不就是千載難逢的歷練良機嗎？我自己當年也是透過一樁又一樁的困難任務，不斷厚植實力，才有今天的局面。我準備用「和順・安居」這個大案子，做為讓兒子初步接班的一場期末考。我的考核標準會比業主更高，如果他們能夠成功過關，就證明了他們有獨當一面的能力，我就準備把集團旗下的兩家營造廠交給他們管。

從我爸爸到我兒子，我們三代，在工作上都牢牢綁定，眞的是名符其實的「上陣父子兵」，差別在於，我以前到哪裡都帶著我爸爸，我爸爸也很喜歡這樣的安排，我的目的是尊重他並彼此相伴，做情感上的支持，實際上的工作，主要還是由我負責處理；但到我兒子這一代，我就不會亦步亦趨跟在他們身邊。

我的孩子也是我親手調教的好徒弟，
有一天，我也會自豪說出：
「這些囝仔真厲害，能力加我一百趴！」

他們都是我一手調教出來的好徒弟，已經可以獨立下決策，我們父子可以分頭並進，在不同的戰場上開疆闢土。

或許有人以爲我望子成龍，會對兒子特別嚴厲，但其實我是個慈父，我的期望雖然高，但我對孩子都很慈愛，很少罵孩子，我兒子的壓力都來自於他們的自我期許。

以前，我爸爸經常自豪地對別人說：「我生這個後生很厲害，伊能力比我加一百趴。」（我兒子很厲害，能力比我強一倍。）我白手起家，是一個讓父親驕傲的兒子，完全沒有「比輸」上一代的壓力；但我兒子做爲企業家第二代，從小就常聽一些叔叔伯伯說：「恁老爸這呢厲害，恁以後不知影接毋接欸落來？」（你爸爸事業做得很好，不知道以後你是否可以接續？）也許長輩們只是無心說一句，但我兒子就會戰戰兢兢給自己加壓力，怕自己不夠長進，讓大家失望。

「和順．安居」動土以後，我有時候會悄悄過去看，看到兒子有條不紊地指揮、調度這五、六百人的「部隊」，井然有序分頭施工，我內心深感欣慰，這些年的磨練果然沒白費。

望子成龍，望女成鳳

我對凱丞、啓維望子成龍，對女兒培好也是望女成鳳。

我對女兒固然是「富養」，希望把她培育成優雅、有見識的女性，但「富養」絕不是「嬌生慣養」，她也跟我兩個兒子一樣，打從求學期間，假期就讓她到飯店實習，從端盤子、整理房務做起。畢業後，則從櫃台開始，在房務、餐飲、人資、財務、採購等各個單位輪調歷練，以掌握飯店經營的相關知識。

除了飯店，我也希望她能學習建設與房地產銷售等相關知識。磐古二期我們沒有自己賣，而是交給專業代銷公司海悅銷售，我的條件之一就是讓培好進去學習，培養實力，將來能爲桂田旗下的相關事業貢獻所長。

接下來，桂田還有好多大計畫等待啟動，包括斥資六十億的桂田三館總部大樓、鎖定嚮往「慢活」退休族群的精緻養生村，以及結合醫美與飯店式管理的月子中心、產後護理之家等，這些都需要我的孩子們跟我一起捲起袖子共同奮鬥，擴大桂田的事業版圖，就像我爸爸當年常說的：「甘願做牛，免驚無犁通拖。」只要有心做事業，不用怕沒有舞台。

而孩子們的認眞與努力，我也都看在眼中，我等待他們自己寫下屬於他們的傳奇。說不定，有一天我也可以像他們的阿公一樣，自豪說出：「我這些囝仔眞厲害，能力加我一百趴！」

桂田心法

1. 做生意的鐵則就是「誠信」二字。從基層做起，不斷修煉自己，才能成為獨當一面的領導者。
2. 考驗並不是壞事，反而是提升實力的最佳良機。
3. 天下沒有不會打仗的兵，只有不會指揮的將軍。

我今天之所以有一點成就
都是朱家祖上積德
我願意效法先輩盡力回饋社會

願爲積善人家

我們新市大社老家改建以前，原本大門有副楹聯，上、下聯分別是：「心田種德心常泰」、「福地安居福自來」，橫批則寫著：「積善人家慶有餘」。

對我來說，這不只是幾句吉祥話而已，更應該被當做是一種家訓，訓勉後代子孫要積德，期望朱家一直都能成爲「積善人家」。

朱家祖輩也給了我們這些後

代子孫很好的示範，我們家祖上雖然拮据，但是還是很樂於幫助鄉里，我們有一個治療喉疾的祖傳妙方，在醫療不發達的年代，大社鄉親們如果有需要，我的阿祖、阿公都很樂意免費爲鄉親提供服務，地方上若有什麼需要幫忙的地方，長輩們也都很熱心伸出援手。

這些身教對我影響很深刻，讓我知道：無論是貧是富，都能夠幫助他人，若受人點滴，就該湧泉以報。一路走來，我也一直很感恩我今天之所以有一點成就，享有福報，都是朱家祖上積德，只要有機會，我也很願意效法我的阿祖、阿公，盡我棉薄之力回饋社會。

新市是我的故鄉，理所當然成爲我首要回饋的對象。十幾年前，我事業有些小成後，我每幾個月就會放個幾十萬在一個戶頭，用我們臺灣話說，我就是在新市「寄付」了一個「口灶」，由新市區公所的社會福利單位代爲管理，用來幫助清寒、弱勢或是有急難需求的新市鄉親，如果「寄付」的錢提前用完，也可以再來申請。

後來在臺東投資飯店以後，我也覺得有責任回饋當地鄉親，所以當年尼伯特颱風肆虐後，當時的縣長黃健庭打電話給我，我也二話不說就承諾幫忙。除了天災後支援重建，我還希望能夠提供更多協助給臺東鄉親，特別是偏鄉的學童、生活有困難的原住民等迫切需要資源的對象。

一同爲慢飛天使鋪路

十多年前，我有幸結識了一位令人敬佩的傳教士跟慈善家：神父甘惠忠，也因而參與了一項很有意義的工程。

甘神父有愛爾蘭和美國籍，在美國出生長大，二十七歲時就被瑪利諾外方傳教會差派，離鄉背井遠渡重洋來臺灣傳教，然後就在這塊土地上落地生根，把一生全都奉獻給臺灣人。

甘神父有感於當年社會普遍對於心智障礙的孩童不夠友善，許多家庭資源或知識不足，經常錯過早療機會，他心生憐憫，便長期投入心智障礙兒童的早療教育，還創辦了中華民國啟智協會等相關機構，並獲得第二十二屆醫療奉獻獎。

七十幾歲時，他因年邁衰老，身體並不是很好，但還是一心掛念著這些心智遲緩的慢飛天使。總統賴清德在當時才剛當選臺南市長，他前去探視甘神父時，甘神父對他說，自己有三個心願，分別是填補慈母幼兒園旁的大洞、興建伯利恆早療暨融合教育中心，以及取得中華民國身分證。那時賴清

看見需要，就付出行動，
是爸爸一直以來的教導，
我能參與伯利恆兒童發展中心的興建，
意義格外非凡。

”

德市長聽了十分感動，允諾會努力為其達成心願。

他的第一個心願，在二〇一二年時，經由臺南市府批准，由地主購買中鋼在煉鋼中生產的副產品氣冷轉爐石回填；第三個心願，則於二〇一七年實現，成為《國籍法》修正通過後第一位取得身分證的外國人。

而甘神父的第二個心願：建造一間早療暨融合教育中心，需要經費不貲，賴清德市長把先前原本企業界準備給他但沒用上的政治獻金，以及五百萬元的選舉補助款，加上伯利恆文教基金會跟薛伯輝基金會募來的款項，做為興建的資金，但還是不夠，於是我就表示，我願意捐款，並承攬中心的建造工程。

在溝通的過程中，我跟爸爸都與甘神父有過多次交流，甘神父為人極其親和，還會說很多種語言，無論是國語、臺語、客家話甚至原住民的泰雅語都說得很好。他跟我爸爸年紀差不多，兩人聊天時，甘神父都是操著一口流利的臺語和我爸爸交談，可見得他爲了要服務這片土地上的人群，下過多少功夫。一個外國人對臺灣這麼有心，實在令人動容，我做爲一個臺灣人，當然更有義務要盡一份心力。

中心還在興建時，甘神父因爲紅血球數過低、經常暈倒，美國天主教外方傳教會便要他返美靜養，他在養病期間，還寄了楓葉紀念品給我爸爸，原本以爲甘神父病癒之後，可以返臺親眼見證他心心念念的早療暨融合教育中心揭牌，可惜的是，甘神父沒能等到那一刻，二〇二〇年四月，他病逝於美國，消息傳回臺灣，大家都深感遺憾。

同一年的八月二十六日，位於臺南學甲區的「伯利恆兒童發展中心」舉行揭牌典禮，這是一棟四層樓的建築，風格溫柔明亮，一如甘神父對待孩子們的心，雖然他本人未能親見這一刻，但我想他在天上看見了，一定也會十分欣慰。

而桂田能夠參與其中，完成甘神父對臺灣的深情遺願，對我而言，也意義非凡，甘神父是一個外國人，也並不富裕，卻爲臺灣做了這麼多事情，我這樣一個土生土長的臺灣囝仔，又有一點餘裕，是不是應該更樂於回饋社會呢？

把行善積德變成企業文化

我爸爸生病的那一年，我以他的名義，捐贈了一輛救護車給臺南市政府，我必須坦言，捐贈救護車的初心並不偉大，其實是爲了爸爸祈福，希望上天垂憐，能夠讓爸爸病情好轉。因爲從捐贈到最後受贈的整個流程費時好幾個月，等到捐贈儀式時，我爸爸已經走了，這個捐贈，就當作是爲天上的爸爸祈求冥福。

爸爸本來就是樂善好施、仁厚博愛的人，他老人家生前經常勉勵我們的一句話就是：「咱做人，無論安怎都要做好（無論如何都要做個好人）。」我相信他一定希望我們朱家能夠成爲積善人家，在爸爸離世後，我也認眞思考，怎麼樣才能在現行的基礎上，能夠做得更多、更好？

多年來，除了大社設立的急難基金從未間斷，桂田集團各事業體也經常參與各項公益，比如說，桂田酒店與臺南市捐血中心、臺灣世界展望會等公益團體合作過好幾年，舉辦慈善捐血，參加者可以獲贈我們飯店的下午茶券或餐券，有時還可以加碼抽住宿券，希望能夠鼓勵民衆以一種歡樂踴躍的心情，慷慨挽袖共襄盛舉。我們自己的員工們，更自發性搶在活動開始之前，就號召親友加入捐血行列，讓整個活動變得更加熱鬧有趣。

臺東桂田喜來登也加入公益的行列，跟臺東縣府與伊甸基金會共同設置的身心障礙者庇護工場「嗎哪食堂」合作，推出聯名款禮盒，由桂田的西點師傅提供技術指導，用在地食材木虌果等研製手工餅乾、搭配肉紙做成禮盒，而這幾款聯名款的手工餅乾，也是我們飯店贈與住宿房客

甘神父（前排左3）的一生，
都奉獻給了臺灣的孩子，
實在令人動容。

的長期迎賓禮。我們希望透過這個行動，同時可以幫助到庇護工場的孩子們，並把特別的在地食材介紹給來自各地的旅客。

桂田恆諾社會企業的誕生

其實桂田集團還響應過許多慈善活動，只是這些援助經費比較分散，以桂田集團旗下不同公司的名義捐款或主辦，爲了能更有效統籌經費跟需求，也希望能夠再積極擴大桂田對社會的回饋，我於二〇二四年成立了桂田恆諾社會企業，負責桂田集團的公益項目。

這個名字很有深意，除了有我父母親的名字鑲嵌其中，「恆諾」二字更意味著「永恆的承諾」，象徵我們桂田對自己能夠「持續行善」的期許。而不以「基金會」的方式成立，是因爲我想讓孩子理解到福報的觀念，過去朱家祖輩即使貧困，仍樂於行善助人，而我們現在有能力，就用自己賺的錢去回饋社會。

第一階段，桂田恆諾將以照顧偏鄉失親兒童爲初步任務。之所以會有這樣的想法，是因爲有一次跟臺東縣長饒慶鈴聊天時，得知臺東地區有很多家境貧困的失親兒，有些孩子被雙親遺棄，有些孩子則是因爲父親或母親、甚至雙親都遭遇變故，比如說生病、過世或是入獄，因而頓失所依。臺灣的慈善機構雖多，卻很少有機構能夠深入這些家庭，如果一直都沒有人關注或支持這些孩子，在匱乏又缺愛的環境下長大，他們比較容易自暴自棄、甚至誤入歧途，非常令人遺憾。

於是我便思考，既然臺南與臺東都是我們的重點投資區域，桂田恆諾社會企業初期不妨先從照顧臺東跟臺南的失親兒做起，我們與政府社福單位配合，了解最迫切需要幫助的對象名單，而桂田願意負擔這些孩子的學雜費直至他們十八歲爲止；我們不是只有提供學雜費補助，還會培訓一批志工，每兩個月或每一季去探訪關懷，了解孩子們現在的狀況。

桂田旗下有很多事業，孩子們長大後若有興趣，寒暑假也可以來我們公司打工，甚至在完成學業後，有意願且通過考核的孩子，也可以到我們桂田來上班，成爲桂田人。

做爲一個以「起厝」崛起的企業家，我期盼桂田恆諾可以帶給這些孩子一個「家」的感覺，希望他們了解到：這世上還是有人在乎、關心他們的，而且，他們可以透過努力，來改變自己的人生。

幫助臺南與臺東的偏鄉失親兒，只是桂田恆諾初步的計畫，將來，也會統籌集團各公司原本的公益活動，並與各地社福機構配合，擴大慈善投入。如此不但在管理上更有條理，也能幫助到更多對象；同時，我也希望這種行善積德之心，可以變成桂田企業文化的一部分。

桂田恆諾交由我的孩子們來負責營運，我希望他們在營運恆諾的過程中，能夠更清楚明白朱家對後代子孫的期待，並知道臺灣社會上有很多需要幫忙的人，我們專注本業、認眞賺錢的同時，也要飲水思源，取之於社會、用之於社會。

桂田心法

1. 行善助人不分國籍、跨越宗教。
2. 家的感覺，就是讓需要幫助的人了解，這個世上有個無條件付出關懷的地方。
3. 無論如何都要做個好人。

後記

爸爸親像山

我之所以想出這本書，有一個非常重要的原因——想紀念我跟爸爸之間無可比擬的父子親情。

雖說是血濃於水，但這世上親緣淡薄、跟家人貌合神離的人也很多。我非常幸運，我們全家都很親密，特別是我跟我爸爸，感情更是格外深厚。

臺語歌手楊宗憲有一首歌《爸爸親像山》，歌詞寫道：「細漢爸爸親像山，看伊攏著舉頭看，大風大雨攏不驚，永遠高高站直那」，充分反映了幼時我對爸爸的感覺。爸爸對我而言，就像是一座山一樣，只要他在，我就一無所懼。

小時候，我特別依戀爸爸，覺得爸爸什麼都會、什麼都行，我好崇拜他。每天傍晚，只要聽到爸爸那台Kawasaki（台崎）摩托車的聲音，我就會興奮地跑出家門迎接他回家。

每次我生病，爸爸都會用這台摩托車載我去鎮上看病，雖然身體不舒服，但環抱著爸爸，就很有安全感；看完醫生之後，爸爸還會帶我吃一碗羊肉湯或當歸鴨，直到現在，我仍然深深懷念那種充滿愛的感覺，覺得自己是被深深愛護著的，什麼都不用怕。

長大以後，我跟爸爸仍然親密無間。我入伍當兵時，爸爸堅持要送我去，直到要剃頭了，他才依依不捨離開。我一直是很能吃苦的孩子，性格又豪邁，爸爸不是擔心我在軍中無法適應，他只是單純捨不得跟我分開。

我在動物藥品公司的第一份正式工作，也是透過爸爸的介紹，他只要有空，就會跟著我一起去跑業務。我出來創業以後，也都跟爸爸在一起，我們不只是父子，也是戰友。

父愛是一座巍峨的山

我二十四歲就出來創業，取代爸爸變成家中的經濟支柱。當我自己能力不斷提升，做的事業又是爸爸不懂的領域，爸爸已經無法再指導我；然而，當我變得比爸爸更強時，心中反而有一點惶恐，那是一種很微妙的心情，我從一個被保護的人，變成一個要保護人的人；但我的內心，卻彷彿還是那個依戀父親的孩子，對於爸爸這座「山」愈變愈小，竟感到莫名心慌。

但與此同時，因爲年輕氣盛，在心態上又有一種不服氣。當年，有客人看我年紀輕輕就成績不錯，以爲我家裡有靠山，對我說：「朱總，你命很好欸，爸爸放很多生意給你做。」我聞言有點不是滋味，心想，我的事業都是我自己赤手空拳闖出來的，才不是靠爸爸庇蔭。

直到有一次，又有客人這麼說，當時爸爸在場，他立刻呵呵笑說：「唉唷，這攏是阮阿宗自己打拚出來的，我沒幫什麼忙！」他講這話時，滿臉都是自豪，我聽了反而慚愧不已，恍然意識到自己之前的無知。雖然爸爸並沒有給我有形的資產，但他給我的是更珍貴的無形資產——端正的身教與無條件的愛。

我襁褓時期，媽媽曾經抱著我去給一個瞎眼的半仙算命，半仙說：「妳這個後生眞將才哦，一個贏十個！」不管半仙說得準不準，但在我爸爸心中，他的阿宗確實就是這樣「一個贏十個的將才」，他永遠挺阿宗、永遠以阿宗爲榮，他的阿宗永遠是世界上最好的兒子。

其實，我打拚事業從來就不是赤手空拳，而是帶著爸爸對我絕不動搖的信心去開疆闢土的，這才是支持我拚搏的眞正底氣。

爸爸一直是一座山，我曾經以爲他變小了，但這座山其實始終巍峨偉碩，庇蔭著我整個人生。

爸爸年輕時去算命，算命師說他這輩子會做頭家，可以活到八十五歲。

我成立桂田以後，就讓我爸爸掛名擔任集團董事長，公司任何重要工程或建案的重要儀式，都會請爸爸出席。工程界完工前的上樑儀式，都會由營造廠老闆在樑上簽名，我也是尊請爸爸來完成這件重要的儀式，爸爸總是用

靠一台打檔摩托車，
拼命養活一家人，
這就是我的爸爸。

一種近乎虔誠的專注，恭敬簽下「朱炎田」這三個字。雖然公司的實際事務是我掌管，但我爸爸絕對是我們公司的精神領袖，他眞的做了大半輩子的「頭家」。

爸爸這個「頭家」完全沒有老闆派頭，我給他安排了座車跟司機，但他卻覺得拘束，還是喜歡騎著他的摩托車代步。司機擔心老董事長，只好在後面開車跟著他，我聽司機回報，想像那個有點滑稽的畫面，也是啼笑皆非。爸爸就是這樣一個可愛樸實的老人家，他願意做桂田董事長，是爲了給兒子一個表達愛意的機會。

隨著爸爸逐漸老去，我開始愈來愈擔心哪一天會突然失去他。

我在蓋桂田二館時，爸爸罹患唾液腺癌。我非常擔憂，無論多麼忙碌，我還是盡可能親自帶他去看診，幸而最後有驚無險，爸爸痊癒了。但自那一次以後，我更深刻感受人生無常，愛要及時，除了工作時總會帶著爸爸同去，每一年也會安排好幾次家族旅遊，想要盡可能留下更多與他同在的美好記憶。

天命終究不可違

八十五歲那年，爸爸身體眞的大不如前，尤其在新冠疫情爆發，爸爸接種完疫苗以後，健康就突然惡化，之後還做了支架手術，原以爲情況可以穩定下來，但最後還是中風了。我遍訪中西名醫，無論多麼昂貴的藥都願意買給爸爸。家人聽說保生大帝很靈驗，我們全家人就每天輪流去廟裡擲筊、煎藥，一次時間大約半天。週間我極其忙碌，由姊姊和孩子們輪流去，到了週末則是我親自去。當時只有一個信念，只要爸爸能康復，任何方法我都願意嘗試。

但是，爸爸的狀況一直起起伏伏，接種完第三劑疫苗後，就因為肺水腫，又住院了三天。他出院後，我正好去馬祖出差，爸跟我視訊時還很開心，我稍感放心，結果我一回臺灣，他的病情卻急轉直下，甚至必須插上鼻胃管。看爸爸受苦，我真的心如刀割，闖蕩商場多年，遇到無數難關，從來沒有任何壓力可以讓我恐懼、痛苦至此，如果可以交換，我真的願意捨棄所有的財富，來換回爸爸的健康。

我兒子結婚時，爸爸還可以坐輪椅來參加婚禮，我以為危機再次解除，但天命終究不可違，某天我開會開到一半，接到醫生的電話說：「朱董，你爸爸心臟停止了，只剩一口氣，你要氣切嗎？」我聞言如墜冰窖，第一反應當然是要救，但或許爸爸本人非常不願意吧？很快就離開人世了。那一年，爸爸八十五歲。

到最後一刻，他仍然這麼疼愛他的阿宗，不想讓他的阿宗爲難、看爸爸受苦傷心難過，所以瀟灑地撒手而去。

幸而沒有遺憾

爸爸往生後，我爲他做了八部經、梁皇寶懺，唸了五天五夜的經，能辦的儀式，我全都照辦了，我不在乎人家說我迷信，我只希望盡我所有人事，虔誠祈願我最愛的爸爸在另一個世界也能過得富足幸福。

爸爸生命中最後的一段，因爲插鼻胃管無法言語，臨終並沒有留下什麼特別的遺言給我，但我們父子太有默契了，只要一個眼神就能完全理解對方。我知道他希望我要好好照顧媽媽，我知道他希望我能好好過日子、要家和才能萬事興。

在他還算健康的時候，他就常說：「我這一輩子過得很完滿，我的家庭美滿，後生真將才，囝孫攏對我就有孝，我完全沒遺憾。」

一封特別的家書

爸爸的離世，對我來說當然是極大的打擊，可是我雖然很傷心，卻也慶幸自己沒有留下「子欲養而親不待」的遺憾。爸爸在世上的日子裡，我們父子感情超好，而且幾乎每天都在一起工作，我並沒有「要是爸爸生前能多陪陪他就好了」的悔恨。

到現在，我還是偶爾就會夢到爸爸，雖然我平時都住在自己的家，但週末我還是會回朱家祖宅住，因爲我爸爸的神主牌安奉在這裡。我來這裡住，彷彿時光就能回到那個跟他有說有笑的從前，只是爸爸畢竟人已遠去，總讓我有幾分「日頭西斜影孤單，想要甲伊來作伴，誰知離阮千里外」的惆悵。

欣慰的是，我的孩子們也都是戀家一族，雖然他們都各自有房產，但在我爸爸過世後，女兒跟小兒子怕阿嬤孤單，主動提議要過去跟阿嬤一起住，我想我爸爸在天之靈若知曉，應該也會露出微笑吧？

我這本書，其實是一封很特別的「家書」，透過我的人生故事來尊榮我的父母，也紀念我跟爸爸之間的父子情緣。爸爸親像山，他雖然走了，但這座山仍然聳立在我心中，始終庇護著我的人生。

桂田家族大事紀

一九三六年 • 朱炎田出生

一九四二年 • 張月桂出生

一九六三年 • 朱炎田、朱張月桂結婚

一九六四年 • 朱英美出生

一九六六年 • 朱敏旭出生

一九六八年 • 朱盈治出生

一九七一年 • 朱仁宗出生

一九九四年 • 朱仁宗、吳淑滿結婚

一九九五年・朱凱丞出生

一九九七年・朱啓維出生

一九九九年・朱培妤出生

二〇一二年・朱瀚宇出生

二〇一八年・朱凱丞、陳菱霓結婚

二〇一九年・朱家駿出生

二〇二〇年・朱峻立出生

二〇二二年・朱啓維、許瑋庭結婚

二〇二四年・朱禹霏出生

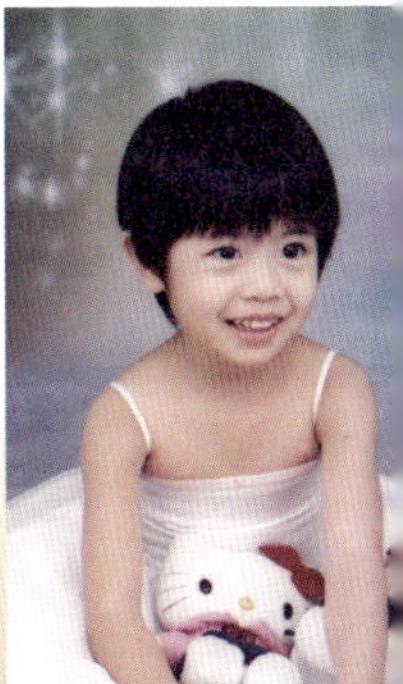

2005

桂田集團大事紀

一九九七年・成立長禹鋼構

二〇〇〇年・併購福胤營造（二〇〇五年更名為桂田營造）

二〇〇二年・併購三民營造

・推出「長榮時尚」學生宿舍

二〇〇五年・成立臺南桂田酒店

二〇〇七年・臺南桂田酒店開幕

二〇〇九年・成立桂田欣業建設

二〇一三年・成立桂田璽悅酒店（二〇一六年

加盟喜達屋體系——喜來登，更名為臺東桂田喜來登）

二〇一四年
- 成立桂田凱晟酒店

二〇一五年
- 臺東桂田喜來登酒店開幕

二〇一八年
- 成立英齊實業
- 桂田擎天樹榮獲一〇七年度大樓建築景觀類園冶獎

二〇一九年
- 成立澄田建設

二〇二〇年
- 重建朱家大社祖宅
- 桂田古根漢榮獲第二十一屆國家建築金獎金獅獎優質建築類、首獎（評審團特別獎）
- 三民營造／萬國通路產業園區榮獲第二十二屆國家建築施工品質金質獎

二〇二一年
- 桂田擎天樹榮獲第二十三屆國家建築規劃設計類金質獎

二〇二三年
- 成立桂田機電工程
- 南科商務飯店動土
- 臺東桂田酒店（二館）動土
- 桂田欣業建設榮獲金炬獎年度十大績優潛力企業

二〇二四年
- 成立桂田恆諾社會企業
- 規劃臺南桂田酒店三館兼總部大樓

國家圖書館出版品預行編目(CIP)資料

起厝：家是一切的起點 / 朱仁宗著；李翠卿採訪整理. -- 第一版. -- 臺北市：遠見天下文化出版股份有限公司, 2024.10
304面；14.8×21公分. --（財經企管；BCB852）

ISBN 978-626-355-894-6(平裝)

1.CST: 朱仁宗 2.CST: 傳記

783.3886 113011861

財經企管 BCB852

起厝
家是一切的起點

作者 — 朱仁宗
採訪整理 — 李翠卿
專案企劃 — 李玫芳

企劃出版部總編輯 — 李桂芬
主編 — 詹于瑤、黃麗瑾（特約）
責任編輯 — 方意文（特約）
封面設計 — FE 設計・葉馥儀
版型設計 — 李健邦、FE 設計・葉馥儀
攝影 — 黃鼎翔（P3、P50、P135）
圖片提供 — 桂田集團

出版者 — 遠見天下文化出版股份有限公司
創辦人 — 高希均、王力行
遠見・天下文化 事業群榮譽董事長 — 高希均
遠見・天下文化 事業群董事長 — 王力行
天下文化社長 — 王力行
天下文化總經理 — 鄧瑋羚
國際事務開發部兼版權中心總監 — 潘欣
法律顧問 — 理律法律事務所陳長文律師
著作權顧問 — 魏啟翔律師
社址 — 臺北市 104 松江路 93 巷 1 號
讀者服務專線 — 02-2662-0012 | 傳真 — 02-2662-0007；2662-0009
電子郵件信箱 — cwpc@cwgv.com.tw
直接郵撥帳號 — 1326703-6 號　遠見天下文化出版股份有限公司

內文排版 — 立全電腦印前排版有限公司
製版廠 — 東豪印刷事業有限公司
印刷廠 — 鴻源彩藝印刷有限公司
裝訂廠 — 台興印刷裝訂股份有限公司
登記證 — 局版台業字第 2517 號
出版日期 — 2024 年 10 月 28 日　第一版第 1 次印行
　　　　　2024 年 11 月 15 日　第一版第 2 次印行

定價 — 550 元
ISBN — 978-626-355-894-6 | EISBN — 9786263558915（EPUB）；9786263559257（PDF）
書號 — BCB852
天下文化官網 — bookzone.cwgv.com.tw

天下文化

BELIEVE IN READING